EXISTE FÓRMULA MÁGICA?

PARA **PASSAR** EM PROVAS E CONCURSOS

RAFAEL BARBOSA

2ª EDIÇÃO

EXISTE FÓRMULA MÁGICA?

PARA **PASSAR** EM PROVAS E CONCURSOS

EDITORA RIDEEL
Quem tem Rideel tem mais.

EXPEDIENTE

FUNDADOR **Italo Amadio (*in memoriam*)**

DIRETORA EDITORIAL **Katia F. Amadio**

EDITORAS **Janaína Batista**
Mayara Sobrane

EDITORA ASSISTENTE **Mônica Ibiapino**

PROJETO GRÁFICO **Sergio A. Pereira**

DIAGRAMAÇÃO **WK Comunicação**

Dados Internacionais de Catalogação na Publicação (CIP)
(Câmara Brasileira do Livro, SP, Brasil)

Barbosa, Rafael
Existe fórmula mágica para passar em provas e concursos?/ Rafael Barbosa. – 2. ed. -- São Paulo : Rideel, 2022.

ISBN 978-65-5738-652-1

1. Concursos públicos - Método de estudo 2. Concursos públicos - Narrativas pessoais 3. Serviço público – Brasil - Concursos I. Título

22-1720 CDD 371.30281
CDU 37.041

Índice para catálogo sistemático:
1. Método de estudo : Concursos

EDITORA RIDEEL

EDITORA AFILIADA

e-mail: sac@rideel.com.br
www.editorarideel.com.br

3 5 7 9 8 6 4
0 4 2 5

Apresentação da obra

O maior medo do concurseiro é não ter a garantia de assumir o cargo que deseja. São tantas renúncias durante tanto tempo que fica impossível não se questionar: vou conseguir? Por conta disso, muitos acabam desistindo no meio do caminho. Param de estudar e voltam a aceitar a realidade que não conseguiram mudar.

Bate aquela sensação de fracasso que, aliada ao conformismo, pode gerar um estado de frustração, fazendo você apequenar a sua vida, quando ela poderia ser excelente. Mas, meu caro amigo e minha cara amiga, se vocês tocaram neste livro e estão lendo neste momento estas palavras desta pessoa que vos fala, vocês acabaram de dar um passo significativo na vida.

Este livro vai conduzi-los a uma viagem teórica e prática de como estudar para qualquer concurso público que almejarem. Tendo o Método 4.2 de Revisão em suas mãos, vocês vão aprender a ganhar tempo na vida para conseguir ater-se com mais qualidade aos estudos. O professor Rafael Barbosa vai ajudá-los a desenvolver meios para reduzir o estresse e a ansiedade, que são tão comuns aos concurseiros. Afinal, grande parte dos concurseiros estuda e trabalha, sobrando pouco tempo para a labuta acadêmica. E é nesse tempo restante que a mágica acontece. Rafael, que sempre estudou e trabalhou, vai lhes mostrar como dar eficiência ao estudo; e disso ele entende muito bem, já que foi estudando e trabalhando que ele passou em mais de 10 concursos e hoje, aos 34 anos, ocupa o cargo que sempre sonhou: o de Auditor Fiscal.

Depois que finalizei a leitura deste livro, ainda na fase editorial, me surpreendi com o método inovador. Rafael criou o Método 4.2 de Revisão com base na experiência dele como concurseiro. Eu posso garantir, meu caro leitor e minha cara leitora, quando vocês terminarem a leitura deste livro e seguirem os ensinamentos desse professor brilhante, terão a certeza de que estão no rumo certo da aprovação. Aquele medo de não sentir se aproximar do cargo almejado irá embora com a sensação de frustração.

Está na hora de querer andar para a frente. Está na hora de parar de sonhar e começar a realizar os sonhos. Agir. Ninguém disse que seria fácil, mas também ninguém disse que é impossível. Saia da zona de conforto e comece a estudar hoje! Termine este livro e transforme a sua vida. Você é o protagonista do seu destino, tome posse!

Grace Agra

Apresentação da obra

Sobre o autor

RAFAEL BARBOSA

É Auditor Fiscal do Tesouro Estadual de Pernambuco (Sefaz-PE). Especialista em preparação para Concursos Públicos, tendo 12 aprovações no currículo: Corpo de Fuzileiros Navais (2003), Sargento do Exército – EsSA (2003), Seplag-PE (Analista/2010), SAD-PE (Analista/2010), DPU (Analista/2010), MTUR (Analista/2010), TRT-RN (Analista/2010), CGE-CE (Auditor/2013), UFRN (Professor Substituto/2013), TCE-BA (Auditor/2013), CGEMA (Auditor/2014), ISS Recife (Auditor/2014) e Sefaz-PE (Auditor/2014). Bacharel em Ciências Contábeis pela Universidade de Brasília – UnB. Pós-graduado em Auditoria e Perícia Contábil. Foi professor na Universidade Federal do Rio Grande do Norte – UFRN. Também é autor do livro *Contabilidade Geral de Bolso* (2013).

Prefácio

Este é o segundo livro escrito por Rafael Barbosa, com quem tive a oportunidade de trabalhar no Tribunal Regional do Trabalho da 21ª Região, uma pessoa disciplinada, que encara o mundo como uma imensa escola, de onde pode extrair sempre o melhor, e que tem uma disposição enorme para aprender, além de não ter medo de mudanças, sempre em busca dos seus sonhos e olhando para a frente.

O livro de Rafael é voltado para aquelas pessoas que estudam diariamente para conseguir a aprovação em concursos públicos, o que é desafiador, porque é sabido que é necessário, de ordinário, que haja disciplina, foco e muita renúncia em relação à vida pessoal quando se está a perseguir tal intento.

É certo que se poderia pensar que um livro que discuta esta temática seja pesado, com aqueles inúmeros lugares-comuns que são ditos e lembrados quando o assunto é concurso.

Mas não.

O autor, de forma leve e muitas vezes engraçada, traz sua experiência de vida ao conhecimento de seus leitores, narrando a sua trajetória pessoal, os motivos que alicerçaram a sua vontade e todo o percurso que o levou até onde está, isso passando pela experiência profissional que adveio de seleções feitas anteriormente, evidenciando que a vontade é o elemento essencial para que se consiga chegar ao objetivo pretendido.

Sua abordagem se inicia com os motivos que levam a pessoa a pretender ingressar na carreira pública, para, então, adentrar no tema específico da submissão ao concurso, traçando um roteiro que realça onde deve estar focada a atenção do candidato e a forma de agir para conseguir sucesso na sua empreitada.

Ele discorre sobre diversos aspectos práticos e emocionais a que estará o candidato submetido durante o processo de estudo, realçando, em detalhes, os elementos que devem ser considerados para que se possa otimizar seu tempo, como, por exemplo, a forma como a banca examinadora que realizará o concurso trabalha, incluindo, entre tantos outros vetores, a motivação interior de cada um para conseguir ter sucesso naquilo que deseja, de forma até mesmo didática, levando em conta as limitações próprias do indivíduo.

Depois de incursionar em vários pontos relevantes para potencializar o estudo, o autor traz o que ele denomina de Método 4.2 de Revisão, criado para, em suas próprias palavras, "facilitar a vida de pessoas como você, que almeja um cargo público, a partir da minha experiência em mais de duas dezenas de concursos, que resultaram em mais de uma dezena de aprovações".

É, portanto, uma obra de interesse para quem tem a necessidade de iniciar ou aprofundar seu método de estudos para alcançar o tão sonhado "cargo público", direcionando seus esforços para otimizar o processo, sem desperdício de tempo ou de energia, aproveitando-se das experiências anteriores do autor, que, como se pode ver da sua história de vida, foram coroadas de sucesso!

Joseane Dantas
Desembargadora do Trabalho do TRT21

Depoimento

Primeiramente, vou me identificar: meu nome é Luiz Gustavo Fernandes Grossi. Sou *coachee* do Prof. Rafael Barbosa e fui aprovado em 44º lugar no concurso para Inspetor Fiscal de Rendas para a Secretaria da Fazenda de Guarulhos-SP ("ISS Guarulhos"). Sou de São Paulo-SP.

Tive interesse para a área pública em dezembro de 2017, mas realmente resolvi *colocar em prática* em fevereiro de 2018: comprei um pacote da área fiscal no Estratégia Concursos e contratei o respectivo programa de *coaching*. O Prof. Rafael Barbosa foi escolhido para me orientar.

No início, é tudo completamente nebuloso para o estudante, principalmente para alguém, como eu, que nunca estudou muitas disciplinas (como Direito e Contabilidade) na vida. Logo no primeiro contato com o Prof. Rafael, ele já me deu dicas e orientações cruciais sobre como estudar (que eu não teria jamais se tivesse começado sozinho), principalmente na aplicação do Método 4.2 (de criação dele) e na resolução (exaustiva) de questões para além daquelas do material do Estratégia.

Ao longo da jornada, além das constantes orientações e transmissões de experiência, ele sempre buscou me incentivar.

Sobre minha rotina: como eu trabalho, mas meus horários são, em geral, flexíveis, meu ritmo de estudo pré-edital foi de segunda a sábado durante toda a manhã. O resto do dia (tarde e noite), trabalho. Domingo, em geral, tomava como repouso.

Minha primeira experiência veio com o "ISS São José dos Campos" (banca Vunesp), em dezembro de 2018 (cerca de 1.200 inscritos). Rafael orientou e estimou-me a prestar. Orientou-me, como preparo, a só fazer questões da banca sobre os assuntos do edital. Fiquei em 30ª colocação (havia apenas 1 vaga). Apesar de não ter passado e eu mesmo não ter gostado do meu desempenho, Prof. Rafael manteve seu incentivo, afirmando que, para meu nível de preparação, estava muito bom.

Pouco depois, em fevereiro de 2019, saiu o edital do "ISS Guarulhos": 50 vagas! Concurso que não abria havia 25 anos! A banca era a mesma: Vunesp. Prova em maio do mesmo ano, mas muito mais complexa e longa do que a de São José dos Campos. Ainda, 18.000 inscritos.

Eu ainda estava muito inseguro com as matérias (mal tinha visto tudo pela *primeira vez*). Mesmo assim, Prof. Rafael me incentivou a prestar, pois inegavelmente era uma excelente oportunidade. Valia tentar novamente.

Conforme ele me orientou, agora abordarmos o pós-edital de modo diferente do anterior: adquiri o Passo Estratégico (é um material do Estratégia de revisão pós-edital, focado na banca, com estatísticas de cobrança, simulados, etc.) e as disciplinas do edital que nunca tinha estudado na vida e "fui de cabeça".

Até a prova, passei todo o tempo, inclusive o Carnaval, estudando intensamente esse pós-edital. Agora, o ritmo era: segunda a sexta (de manhã), sábado (o dia todo) e domingo (de manhã). O repouso ficou muito mais restrito, mas era necessário ser assim. Prof. Rafael sempre me incentivando e orientando (nos pontos a focar mais, por exemplo). A experiência do "ISS São José dos Campos" com a mesma banca também auxiliou a prever mais ou menos como seria o estilo da prova.

Ao fim, felizmente, consegui minha aprovação. Devo dizer que as orientações e os incentivos do Prof. Rafael Barbosa, incluindo seu Método 4.2, foram essenciais para essa conquista. Além disso, claro, a receita de sempre, que só depende de você mesmo: *muita* disciplina, *muita* leitura, *muitas* questões, *muitas* revisões e, em geral, algum repouso semanal para repor as energias (físicas e mentais). E paciência.

Luiz Gustavo Fernandes Grossi

Inspetor Fiscal de Rendas para a Secretaria da Fazenda de Guarulhos-SP

Sumário

PARTE I

MINHA TRAJETÓRIA

O sucesso requer coragem

Olhando ao redor, percebo que consegui realizar boa parte dos sonhos que eu tinha quando era pequeno. Nunca fui de ficar sonhando com muita coisa não, eu sempre me guiava mais pela necessidade do que pelo simples desejo de ter. Talvez a origem humilde tenha limitado um pouco a minha visão de mundo. Para o mal ou para o bem, nunca deixei de me indignar com a falta de alguns itens básicos durante a minha infância. Acho que a rebeldia contra a pobreza foi fundamental para que eu pudesse mudar de vida.

Desde cedo, já havia percebido que os livros e a minha força de vontade seriam capazes de me tirar do sertão de Pernambuco, mais precisamente do município de Arcoverde, local que eu julgava pequeno demais para as minhas pretensões. Não desmerecendo a cidade, onde passei a maior parte da minha infância (eu nasci em Paulista/PE, mas aos 2 anos a minha família já havia se mudado para Arcoverde). No entanto, as minhas vontades e ideias sobre "o que eu queria ser quando crescer" não cabiam ali, eram grandes demais e acabavam transbordando de dentro da minha mente, exigindo-me uma atitude decisiva.

Eu sabia que precisava fugir da média, fazer algo a mais, pois não queria ter a vida que a maioria das pessoas com quem eu convivia tinha, eu precisava ser agressivo nas minhas escolhas. Agarrei-me aos livros e, junto com a minha confiança, decidi dar o meu primeiro passo: sair do interior e morar na capital do estado, pois lá eu sabia que teria mais oportunidades de crescimento. Quando desejamos algo, seja o que for – uma vida melhor, um carro novo, um bom emprego, entre outras coisas –, precisamos correr atrás. Nada cai do céu, você não conquistará nada se não fizer por merecer, se não trabalhar exaustivamente para aquilo.

O esforço e a disciplina são fundamentais para conseguirmos alcançar os nossos objetivos. Mas as coisas podem ficar mais "fáceis" se você conseguir pegar alguns atalhos. Modelar pessoas é um desses atalhos, pois você pode mudar o seu comportamento e obter melhores resultados a partir da observância da trajetória de pessoas que "chegaram lá". Mas essas pessoas precisam ser confiantes, positivas e boas no que fazem (você não vai querer modelar alguém que não represente algo "exemplar" para você, não é mesmo?).

Nesse sentido, é interessante que você se cerque de pessoas boas, modeláveis, pois elas sempre têm algo significante para acrescentar no seu caminho. Ainda criança, mesmo sem saber nada sobre modelagem de pessoas, eu costumava me aproximar de quem tinha algo a ser copiado, pessoas que somavam, que me serviam de exemplo positivo. Isso não quer dizer que eu era um indivíduo preconceituoso ou interesseiro. Não é isso, eu apenas gostava de me juntar com pessoas que eram "aquilo que eu queria ser". Por esses e outros motivos, eu evitava indivíduos negativos, pessimistas e inseguros. É como dizem no sertão de Pernambuco: "quem anda com porco, farelo come".

Foi essa vontade de querer ser alguém melhor que me fez mudar a minha forma de pensar e agir. Eu passei a ser muito mais objetivo nas minhas atitudes, buscando sempre um alinhamento entre o que eu queria e o que eu fazia.

Você já parou e se questionou se está no lugar em que gostaria de estar? Se a sua família tem as condições que você julga ideais? Se você faz o que gosta (profissionalmente falando)? Se o emprego conquistado é o merecido? Se a casa em que você mora é aquela tão sonhada? Ainda não pensou sobre isso? Então pense agora. Caso a resposta tenha sido negativa para qualquer uma dessas perguntas, você deve continuar a ler este livro, pois eu vou te contar como fiz para mudar a minha realidade, como converti revolta em estudo e estudo em realização de vida.

Qualquer pessoa é capaz de vencer, basta querer! Sabe aquele concurso tão almejado, o qual você julga difícil? Ele pode ser seu! E vou adiantar o primeiro passo: acredite em você! Se não fizer isso, de nada vai servir. Confiar em si é algo custoso, mas não impossível. Quer mudança? Quer sucesso? Então está lendo o livro certo! Vou te apresentar um método que irá transformar sua vida positivamente (como transformou a minha). Não esqueça, no decorrer da jornada, os livros serão seus melhores amigos.

Cavalo selado só passa uma vez

Desde pequeno eu sempre fui "zoado" pela família por ser diferente. Enquanto os meus irmãos e primos adoravam ganhar brinquedos de presente, eu preferia algo um pouco incomum para uma criança: ficava muito mais feliz quando ganhava um livro, um mapa-múndi, uma miniatura do globo terrestre, ou até mesmo aquelas antigas enciclopédias (encontramos tudo na internet nos dias de hoje, mas naquele tempo tínhamos sempre que buscar ajuda nos livros. Nossa ferramenta de busca era a enciclopédia, hoje é o Google. Vamos admitir, estudar, atualmente, está muito mais fácil, então nada de moleza!).

Tive a sorte de contar com a ajuda da minha avó paterna, dona Vanúzia, que sempre me presenteava com algo relacionado ao ensino (até hoje tenho uma gramática que ela me deu quando eu tinha 11 anos de idade). Ainda me lembro da minha mãe falando para mim: "você vai ficar maluco de tanto estudar!". Ela queria que eu fosse como os colegas da minha idade, que brincasse mais e estudasse menos. Ela achava estranho um menino de 11 anos de idade preferir ficar em casa estudando geografia a brincar na rua. Preocupações de mãe, não a julgo por isso. Ela queria o meu bem-estar, mas enxergava isso de uma maneira diferente da minha. Me sentia muito bem estudando.

Eu vim de uma família humilde, meu pai era técnico em eletrônica e ganhava dinheiro fazendo um trabalho ali e outro aqui. Minha mãe só conseguia emprego que pagava pouco, em lanchonetes, cozinhas de hospitais etc. Não tínhamos casa própria e o pouco ordenado que entrava em casa era para o aluguel e as despesas básicas. Éramos cinco pessoas na família: eu, meu pai, minha mãe e dois irmãos; eu era o filho do meio (aquele que não tem direito a nada). Era comum entre mim e meus irmãos aproveitarmos as vestimentas um do outro. Minha mãe comprava uma determinada peça de roupa com a intenção de todos nós usarmos.

Eu sempre fui um pouco diferente dos meus irmãos, esquisito mesmo. Eles adoravam brincar na rua, ir a festas, jogar conversa fora com os amigos; enquanto eu passava horas olhando o meu mapa-múndi, gostava muito de geografia e tinha curiosidade em saber onde ficava cada lugar do mundo. Preferia ficar em casa e me divertir ouvindo pop rock (tinha doze anos nessa época) ou resolvendo alguma questão de matemática, por exemplo. As minhas saídas eram para jogar xadrez com um vizinho amigo da minha mãe. Ele tinha uns quarenta anos naquele tempo. Quando eu ganhava dele (que eram muitas vezes), ele ficava irritado. Todas as vezes que me lembro da expressão no rosto dele, dá vontade de rir. Em algumas partidas eu o deixava ganhar, principalmente quando estávamos na calçada da casa dele, só para não perder a amizade.

Voltando um pouco no tempo, quando eu tinha cerca de sete anos de idade, meus pais se divorciaram. Continuamos em Arcoverde e meu pai foi morar com meu avô, em Recife. Basicamente, a minha mãe foi quem criou nós três sozinha, o dinheiro que meu pai mandava não era suficiente para manter a "qualidade" de vida que tínhamos antes da separação. A renda em casa ficou menor com a separação dos meus pais e as dificuldades financeiras aumentaram um pouco. Então, vendo minha mãe se desdobrar para colocar dinheiro em casa, percebi a vida que eu não queria ter quando fosse adulto.

Almejava outra realidade, outro patamar financeiro e social, só não sabia ainda como faria isso nem o caminho que eu teria de trilhar (também não é para menos, na época da separação dos meus pais eu só tinha sete anos!). No entanto, a vida me empurrava de uma forma discreta para os livros, sempre gostei de estudar. Na adolescência, comecei a notar que esse era o caminho pelo qual eu deveria seguir para alcançar meu objetivo de ter uma vida melhor do que a dos meus pais. Um dos meus maiores incentivadores foi o meu avô paterno, Sr. Barbosa, formado em Letras e Filosofia, que havia sido militar e Professor de Língua Portuguesa e Inglesa. Sem dúvida, o meu maior expoente familiar quando o assunto é educação.

Estudei em escola pública até os 14 anos, em Arcoverde, no interior de Pernambuco. O ensino era maravilhoso e os professores eram excelentes! Não tenho do que reclamar, tive uma educação de qualidade nesse colégio (Escola Nossa Senhora do Livramento). Porém, eu me sentia incomodado nessa escola devido ao modo como funcionava. Duas escolas dividiam o mesmo prédio, o mesmo espaço físico. Pela manhã funcionava uma instituição de educação particular (Colégio Cardeal) e o turno da tarde era destinado para o ensino público.

Os alunos das duas redes de ensino não se misturavam. Por mais que quisessem, havia uma pressão velada para que os dois mundos não se encontrassem. A estrutura do colégio era ótima, tinha piscina, biblioteca etc. Mas os discentes da rede pública não podiam usar todas as instalações do prédio, a piscina, por exemplo, era apenas para os alunos da rede privada. Imagina só um aluno pobre, estudando em escola pública na estrutura de um colégio particular?! O local tinha uma superquadra poliesportiva, um superparque aquático, laboratório de química, sala de informática, tudo o que havia de mais moderno em termos de educação. Mas nada disso podia ser usufruído por aqueles que não tinham como pagar. Eu ficava revoltado, mas não de um modo triste, como se eu fosse uma vítima. Eu pensava assim: "deixa estar", o mundo dá voltas. Afirmava para mim mesmo que mudaria de vida. Transformava meu incômodo em impulso para estudar ainda mais. Nunca fui de me vitimizar! Fiz isso durante toda a minha vida. Faço isso até hoje.

A primeira vez em que pensei em um concurso público como forma de mudança financeira na minha vida eu tinha 14 anos. Na época, estava na oitava série, que hoje é chamado de nono ano. Era a última série do ensino básico, no ano seguinte começaria o primeiro ano do ensino médio e já desejava ter uma estratégia para melhorar de vida. Naquela época, havia um grupo de pessoas que viajava pelo estado para vender curso preparatório para a carreira militar. Para inspirar e atrair alunos, essas pessoas apareciam trajadas de militar. Pareciam militares de verdade. Além do fardamento, elas também se portavam como tal. Para se ter uma ideia, os alunos assistiam às aulas preparatórias com vestimenta militar e deles já era exigida disciplina. Imagine alunos fazendo cursinho vestibular para medicina usando jaleco! Era mais ou menos isso que acontecia. Estranho demais, não é?!

Mesmo sendo estranho, pedi para que minha mãe me levasse ao lugar desse curso. Chegando lá, encontrei um rapaz explicando para as demais pessoas como era o processo de estudar para concurso. Peguei com ele um caderninho que era chamado de edital (era uma cópia), verifiquei as referências bibliográficas e comecei a estudar na intenção de algum dia passar em um concurso público. Esse foi meu primeiro contato com o universo dos concursos (decidi ser militar, como o meu avô). Foi nesse instante que percebi algo mais concreto para o meu futuro, algo que possibilitaria de fato ter estabilidade e uma vida financeira mais confortável. E eu estava disposto a conquistar isso, minha confiança crescia cada vez mais.

Estava em um bom ritmo de estudo quando abriram inscrições para o concurso para a Escola Preparatória de Cadetes do Ar – EPCAR. Ainda com 14 anos, pedi para a minha mãe me inscrever para a prova. Estava muito preparado e confiante de que passaria. Eu já me imaginava pilotando um avião de caça da Força Aérea Brasileira. Tracei toda a estratégia para o início do meu objetivo de mudar de vida: faria o ensino médio já como aluno militar, ganhando bolsa, e com uma carreira bem legal pela frente (como oficial da Aeronáutica). Seria perfeito!

Saí de Arcoverde e fui para a casa do meu avô, em Recife. Ele morava no município de Paulista, junto com meu pai, e a prova seria realizada na Imbiribeira, bairro da cidade do Recife, em Pernambuco, no Ginásio de Esportes Geraldo Magalhães, conhecido popularmente como Geraldão. Eram cerca de vinte e quatro quilômetros de distância, aproximadamente quarenta e cinco minutos de carro (em um trânsito livre). Na época, meu pai tinha um Fiat 147 e foi nesse carro que ele me levou para fazer a prova.

Estava preparado e confiante, tinha certeza de que passaria. Estava armado com canetas esferográficas de tinta preta, lápis e borracha, prancheta e muita vontade de vencer na vida. Mas, quando cheguei lá, nem me deixaram entrar, pois eu não havia levado minha carteira de identidade. Pense numa situação constrangedora. Ninguém havia me dito que eu teria de levá-la (e eu, idiotamente, não procurei saber, era juvenil demais). Eu só tinha 14 anos e era o meu primeiro concurso. Estudei muito, me preparei, mas não me deixaram fazer a prova por não portar o documento. E nesse mesmo ano, pouco antes do dia do concurso, eu havia feito uma prova de nivelamento para estudantes do ensino fundamental da rede pública de ensino em Arcoverde, realizada pela Secretaria da Educação, e tinha obtido a nota mais alta em português e matemática. Eu estava realmente muito preparado.

Foi o meu primeiro tombo! Nesse momento, lembrei-me de um ditado que uma professora disse um dia em sala de aula: "Cavalo selado só passa uma vez". Esse "cavalo" eu perdi, mas prometi a mim mesmo que não deixaria outro cavalo passar por mim dessa forma, com ou sem sela. Teria sido ótimo ter entrado para as Forças Armadas com aquela idade, mas o destino me reservava algo melhor. Foi minha primeira frustração em concurso público, mas não me abalei, pelo contrário, disse a mim mesmo: "Vou estudar de novo, não tem problema". E você verá no decorrer deste livro que esse "cavalo" passou mais de uma vez, tenho até que falar isso para a minha professora, ela estava enganada.

Invincible

Depois do tombo no meu primeiro concurso, voltei para Arcoverde e levei comigo a experiência dessa frustração. Decidi então fazer o ensino médio na capital. Não foi bem uma decisão (já que eu ainda não pagava os meus boletos), mas eu convenci a minha mãe de que aquilo era importante para mim. Aos 15 anos, fui morar em Recife, na casa do meu avô. Meu pai e meu irmão mais velho moravam com ele já havia algum tempo. Nós quatro moramos juntos por um período, e então eu pedi ao meu pai para irmos para uma casa só nossa. Nada contra o meu avô, ele é muito querido, mas não estava acostumado a residir em um lugar que não fosse na casa da minha mãe ou do meu pai. Depois de tanto insistir, meu pai conseguiu alugar uma casa e fomos morar nela eu, meu pai e meu irmão mais velho.

Como disse antes, eu era muito diferente dos meus irmãos. Meu irmão mais velho era bastante social, vivia em festas, passava os finais de semana em praias e tinha muitos amigos de farra. Era a turma da bicicleta, a turma do bairro etc. Ele não era muito de estudar, para ele, a vida era sempre um lazer. Sempre inventava algo legal e em grupo para se fazer. Nunca o vi só. Ele começou a trabalhar cedo, em empregos que não pagavam bem, mas garantiam uma grana para ele manter seus gastos de adolescente. Nada contra, afinal, cada um vive do jeito que bem entender. Também gosto de me divertir e viajar, mas a diferença entre mim e meu irmão estava na definição do que era prioridade. Para mim, ter lazer seria a consequência da minha estabilidade financeira. Logo, eu teria de conquistá-la antes de me divertir. Eu achava muito estranho inverter essa ordem. Como alguém vai crescer na vida se está sempre ocupado, se divertindo? Talvez ser social demais, ter muitos amigos, atrapalhe o crescimento profissional das pessoas (atrapalhou o meu irmão, mesmo ele sendo superinteligente – na minha concepção).

Eu nunca fui de ter muitos amigos. Como eu sempre estava transitando entre o interior e a capital, acabava que eu não fincava raízes. Além disso, todos os colegas da minha idade estavam sempre jogando bola ou brincando na rua, enquanto eu estava estudando. Eu brincava, é claro, mas não o tempo todo. As pessoas com as quais eu socializava um pouco eram sempre mais velhas e estudiosas, mais educadas e de uma classe econômica diferente da minha. Eu as admirava e as via como um exemplo a ser seguido, e procurava sempre algo que eu pudesse ter como modelo. Se eu tenho algo para melhorar, eu vou atrás. Foi assim com minha educação acadêmica e cultural. Eu procurava me guiar pelos bons exemplos.

Já em Recife, aos 15 anos, ganhei uma bolsa de estudos em um colégio particular do município de Paulista, na região metropolitana do Recife, com o auxílio da minha avó Vanúzia. A escola em si não era nada de mais, o fato de ser particular não a fazia melhor do que a pública onde eu estudei boa parte do ensino fundamental. O ensino deixava um pouco a desejar. Porém, havia um lado fantástico: lá eu conheci Fernanda, hoje a minha esposa (vou confessar algo de amigo para amigo: foi mais fácil passar em um concurso público do que conquistar essa mulher incrível).

Quando nos conhecemos, ela tinha uma condição financeira melhor que a minha. Meu pai, como eu disse antes, era técnico em eletrônica e fazia alguns serviços de forma autônoma, minha mãe era agente comunitária de saúde (nesse tempo, ela já havia feito um processo seletivo para esse cargo – que ocupa até hoje –, um orgulho para mim). Já a família de Fernanda vivia bem melhor que a minha, a mãe era contadora da Prefeitura do Recife e o pai era agente policial da Polícia Civil de Pernambuco. Lendo assim nem parece, mas eu sentia uma distância "econômica" enorme entre a gente. Porém não liguei para isso, segui o fluxo.

Ficava pensando em como impressionar Fernanda, já que as roupas que eu usava para ir à escola eram, não raras vezes, as do meu irmão. Estava na cara que, pela minha vestimenta, ela jamais olharia para mim, pelo menos era isso que eu achava. Certo dia, para deixá-la impressionada, procurei esclarecer as dúvidas dela com relação às matérias da escola, cheguei a inventar uma dúvida só para poder explicar (risos). Eu tentava impressioná-la de todo jeito, pela física, química, matemática ou geografia. A minha segurança era perceptível. Estava convicto de que a minha inteligência estava se tornando um elixir para ela quando, para a minha tristeza, ao final da minha superaula, ela afirmou: "Você é muito prolixo". Fiquei até constrangido. Garota difícil essa!

Mudei um pouco o foco nesse período, desta vez minha meta era conquistar Fernanda, estava decidido. Até nisso minha determinação com os estudos ajudou. Mesmo sendo prolixo, eu continuava tirando as dúvidas dela na escola. Andava no limite da inconveniência. Depois de um tempo, entre uma dúvida e outra, a pedi em namoro. Mas o pedido foi prontamente negado. Afinal, eu a conhecia há cerca de uma semana apenas. Sei o que você está pensando e vou logo confirmar: sou ansioso, sim, e muito. Vou confessar uma coisa: ter sido proibido de fazer a prova no Geraldão doeu menos do que o fora que eu tomei dela. Mas, ainda assim, continuei com o foco nos estudos. Passei a ignorar a sua existência. Não entendo nada de signos, mas deve ter a ver com meu signo (sagitário) ou algum ascendente de "num sei lá o quê".

Quando eu não estava mais nem aí para ela, imagina o que acontece? Ela veio atrás de mim. Veja só a força que um gelo bem dado tem. Com orgulho, eu disse que não queria mais. Foi só para me fazer de difícil mesmo. Mas não teve jeito, depois eu fui atrás dela e ela aceitou. Todo esse processo durou apenas um mês. Começamos a namorar no dia do meu aniversário, em 26 de novembro de 2001. De presente, ela me deu um CD *Invincible*, do Michael Jackson, era o último álbum inédito dele vivo (naquela época as pessoas adoravam ganhar CDs). No meio da paquera, lembro de uma coisa que disse a ela que acho que me ajudou um bocado: "vou estudar, passar num concurso e ter a minha independência". Com certeza ganhei pontos com isso. Ela acreditou em mim!

Já estava no terceiro ano do ensino médio, com 17 anos, pensando no que faria quando acabasse a escola. Estudar para concurso ainda era a minha primeira opção. Não queria ter de trabalhar em um subemprego no setor privado, ganhando pouco, como todos os meus amigos. No segundo semestre do ano resolvi mudar de escola. Não tinha dinheiro na época para pagar integralmente uma outra escola particular, na que eu estudava tinha bolsa de estudo. Mas não desisti. Não queria voltar para a rede pública, a qualidade do ensino público na região metropolitana do Recife era péssima. Encontrei outra escola perto da minha casa. Decidi conversar diretamente com a dona (eu sempre fui audacioso). Não podia errar o alvo. Expliquei que a instituição de ensino em que eu estava já não me atendia. Acrescentei que tinha boas notas e estava confiante quanto à aprovação no vestibular. A minha argumentação foi eficaz. Mais uma pessoa que acreditou em mim. Ela me ajudou, me aceitou em sua escola e fez um valor bem abaixo do normal.

Durante esses últimos seis meses eu também comecei a dar aula de reforço para conseguir um dinheirinho para passear com Fernanda. Dava aula de tudo, inclusive da minha sala. Eu precisava apenas ter acesso antecipado ao livro do aluno, com tempo suficiente para aprender, esse era o segredo. Nunca tive dificuldade em explicar qualquer coisa. Certa vez, li uma frase em algum lugar que me chamou atenção: "o dom que tenho não é ser professor, mas sim um explicador". Eu sou assim, eu pego um livro, leio e consigo explicar o assunto da melhor maneira possível. Foi assim que consegui o meu primeiro trabalho remunerado. Ganhava apenas 5 reais por hora/aula, mas aquilo representava muito para mim.

Nesse segundo semestre, Fernanda fez uma surpresa para mim. Ela apareceu lá em casa com um pequeno livro com um papel colado na capa, eu não sabia o que era. Quando eu abri, era o edital para o concurso para sargento do exército. Ela colou uma gravura na capa do edital para ninguém ver o que era (não queria que ninguém soubesse dos planos em execução, ela sempre pensou assim) e também para me fazer uma surpresa. Na época, a inscrição custou quarenta reais e ela pagou para mim. É claro que eu não tinha esse dinheiro. Era o concurso para a Escola de Sargento das Armas (EsSA), uma nova chance de seguir carreira militar. No fundo, eu ainda pensava em ser oficial, mas via ali uma excelente oportunidade de sair do ensino médio direto para algo estável, bem remunerado para os meus padrões.

Não perdi tempo, mantive o foco nos estudos. Pela manhã ia à escola e, quando chegava em casa, eu estudava para o concurso. Aproveitava todo o tempo disponível para estudar. O plano não era só meu, Fernanda também estava nele. Decidimos reduzir as vezes que nos encontrávamos para namorar. Era quase todo dia, depois da escola. Mas a gente decidiu se ver apenas dois dias na semana, até a data da minha prova. Como eu não tinha muito dinheiro, comprei alguns livros em uma feira de livros usados no centro do Recife (vulgo sebo). Além disso, usava a gramática que a minha avó havia me dado de presente. Não tinha muita informação naquele tempo. Analisei o edital e decidi revisar e fazer questões de todos os assuntos previstos, seguindo a bibliografia indicada ao final do conteúdo programático. Não havia internet, muito menos *sites* de questões. O jeito foi eu mesmo escolher as questões dos livros que eu jugava mais interessantes, com chances de cair em prova. Fui fazer a prova e, desta vez, lembrei de levar o documento de identidade. Ninguém iria me impedir de entrar! Fiz a prova e passei. Sem dúvida nenhuma, essa aprovação foi o divisor de águas na minha vida.

Ouvido de mercador

Aos 17 anos de idade, passei no concurso para Sargento do Exército e tive que ir morar no Rio de Janeiro. Nunca havia saído de Pernambuco (matuto todo). Fernanda comprou minha passagem de avião com a poupança que ela tinha feito com a mesada que recebia dos pais e eu fui (mais uma vez ela financiou o nosso sonho). O curso de formação durou dez meses e eu fiquei em torno de seis meses sem ver a Fernanda. Conseguimos nos ver uma única vez durante esse período.

O dia a dia no quartel não era fácil. Acordávamos às 5:00, com o toque da corneta. Antes de tomar o café, precisávamos limpar o pátio (tinha uma árvore no local com uma única função: produzir folhas e sujar o pátio). Em seguida, tomávamos café correndo, entre 6:30 e 7:00. Depois era a hora de estudar. O horário normal de estudo era das 7:30 às 17:00, com intervalo apenas para almoçar. Ao final do dia, depois do jantar, que era servido às 18:00, tínhamos o "estudo obrigatório", que ia até às 23:00. Foi assim durante longos dez meses. Muitas horas de estudo e muita correria para cumprir as atividades básicas do militar. Foi ali que aprendi a estudar e ter disciplina. Quando me formei, fui mandado para Brasília, onde trabalhei no Centro de Imagens e Informações Geográficas do Exército. Aos 19 anos, eu já estava formando tropas.

Desde a época do Geraldão eu almejava ser oficial das Forças Armadas, mas nem sempre as coisas saem conforme o planejado. Passei para sargento, mas queria um cargo maior. Mesmo durante o período de formação militar eu já pensava em algo melhor, sabia que aquele cargo não seria suficiente para mim. Quando cheguei a Brasília, percebi que grande parte dos colegas do quartel estudava para concurso público, tinha até Major estudando para sair do Exército. Foi aí que enterrei os planos de ser Oficial, no meu primeiro ano depois de formado. Por que eu estudaria para ser Oficial se eles queriam ser Auditor? Eu sempre fui racional, não tinha tempo a perder. Então mudei o meu objetivo: "serei Auditor", decidi.

Procurei o cursinho mais barato para estudar (naquela época ganhava cerca de R$ 1.300,00 por mês) e me preparar para o vestibular, pois, para ser Auditor, era preciso ter curso superior. Optei por fazer Ciências Contábeis, pois sabia que esse curso me daria uma boa base para as provas de concurso para o cargo de Auditor. Em meados de 2005 eu fiz meu primeiro vestibular para a Universidade de Brasília (UnB), organizado pelo Cespe, entretanto não consegui passar. Foi então que eu resolvi pegar a prova e montar uma estratégia que possibilitasse a minha aprovação no fim do segundo semestre, era mais uma oportunidade que eu teria ainda em 2005.

Analisando as provas anteriores, percebi que o peso maior era na área de humanas e que eu não precisava estudar tudo, pois já tinha uma boa base acadêmica. Resolvi estudar apenas História, Geografia, Biologia, Química Orgânica e Português, o restante eu manteria o que já sabia. Não respondi todas as questões, deixei em branco tudo o que eu não tinha certeza, visto que, seguindo o Método Cespe, uma questão errada anularia uma questão certa; nesse caso, na dúvida, a melhor tática é deixar em branco mesmo. Foi o primeiro teste de estratégia que fiz, no qual aprendi a não "chutar" no Cespe.

Eram apenas dezessete vagas na UnB para o curso de Ciências Contábeis e a concorrência era enorme. Estudei menos do que na primeira vez e fui aprovado. Sem perceber, eu estava criando um método próprio de estudos, que já havia dado certo quando passei para o concurso da EsSA (em que também tracei uma estratégia parecida) e agora no vestibular da UnB. Com o passar dos anos, fui aperfeiçoando o método que estava dando certo nas minhas aprovações, algo que nasceu intuitivamente. Você deve estar se perguntado que método é esse. Calma, eu vou explicar cada passo do meu método no decorrer deste livro. Sua vida vai mudar de forma positiva. No entanto, não esqueça, a confiança e a força de vontade precisam andar lado a lado com você.

Se não fosse a força de vontade, eu jamais teria obtido sucesso durante todas as batalhas que venci na vida. Do mesmo modo que apareciam pessoas para me ajudar, como Fernanda, por exemplo, também havia pessoas negativas, as quais proferiam palavras de fracasso no lugar de expressões positivas. Lembro-me de uma tia que morava em Brasília e tinha uma condição social melhor que a minha. Ela tinha três filhos e nenhum deles conseguiu entrar na UnB.

Certa noite, jantando na casa dela, ela indagou: "Rafael, por que você vai tentar UnB? É muito difícil passar nesse vestibular, tem gente que passa dez anos tentando e não entra. É melhor você tentar uma particular". Ouvi atentamente a pergunta, mas não me deixei abalar. Com toda a confiança e paciência do mundo eu respondi: "não se preocupe, tia, eu vou passar". E passei! Porém passei a frequentar pouco a casa dela depois disso. Geralmente as pessoas negativas tentam projetar em você as frustrações pelas quais elas passaram. Nesse caso, faça "ouvido de mercador" e siga o seu caminho.

Durante esse período, Fernanda, ao fazer 18 anos, decidiu que iria morar comigo em Brasília. Ela comunicou aos pais a decisão e pegou o primeiro voo (pois é, somos dois audaciosos). Nesse tempo, Fernanda estava estudando para ser Sargento da Aeronáutica. Éramos apenas nós dois em uma kitnet e eu ganhava cerca de R$ 2.000,00 por mês. Como a vida em Brasília era muito cara, tínhamos dinheiro apenas para pagar o aluguel, a alimentação e as despesas básicas. Não possuíamos recursos para ir a Recife em todas as férias, cheguei a passar dois anos sem visitar a minha família. Foram tempos difíceis, mas eu sabia que os estudos, mais uma vez, fariam a gente mudar de vida. Eu precisava apenas concluir a minha faculdade e passar em um concurso melhor, de nível superior.

Quem pode o mais, pode o menos

No início da faculdade, como eu não podia participar de concursos de nível superior, resolvi aproveitar o tempo livre realizando coisas "inúteis", como jogar xadrez ou ouvir música. Por sinal, descobri um álbum muito bom do Caetano Veloso, chamado "*Uns*" (fica a dica). Escutava bastante esse CD, além de *blues*. Eu queria esperar o momento certo para começar a estudar, eu sabia muito bem o que eu queria. Essa é outra dica que costumo dar: espere o momento certo para agir, como uma cobra que espera o tempo certo do bote, não gaste energia à toa. Quando faltavam três semestres para me formar, segundo semestre de 2009, decidi voltar a estudar para concurso, pois desejava sair da UnB já ganhando um bom salário, pelo menos R$ 10.000,00 (eu sempre estabelecia metas objetivas).

No final daquele ano, fiz como teste o primeiro concurso para nível superior, para o cargo de contador da TERRACAP, órgão que administra os bens imóveis da capital federal. Era apenas uma vaga e eu passei em quinto lugar. Foi uma vitória incrível! Apesar de não ter exercido o cargo, esse fato me fez acreditar que era possível conquistar o que eu queria, mais uma vez. E isso só foi possível porque eu me mantinha sempre confiante. Se não fosse assim, eu não chegaria a lugar algum.

Eu me formaria no final de 2010, portanto, para conseguir bater a minha meta pessoal (a de concluir a faculdade já com uma aprovação de nível superior), eu não podia perder tempo. Com base na premissa de que "quem pode o mais, pode o menos", decidi estudar tendo como referência um edital que englobasse a maioria das disciplinas exigidas para cargos da minha área. Foi então que eu escolhi o edital do Tribunal de Contas da União (TCU) como guia. Passei a estudar, de forma ordenada, as disciplinas exigidas para aquele certame. E sempre ficava de olho nos concursos que iam surgindo, na tentativa de realizar a prova daqueles que tivessem semelhança com o que eu já estava estudando.

Para a minha felicidade, em fevereiro de 2010, abriram três certames em Pernambuco: Secretaria de Administração (SAD-PE), Secretaria de Planejamento (SEPLAG-PE) e Secretaria de Controle Interno (CGE-PE). Detalhe: todos no mesmo final de semana, um combo de concursos. A banca era a temida Cespe. Eu já estava estudando para ser Auditor, tendo o edital do TCU como base, mas eu aceitaria um cargo de analista, que também é de nível superior, como escada. Foi então que desenvolvi o "Estudo Incremental".

Percebi que as disciplinas e conteúdos se repetiam entre os concursos e passei a estudá-las sistematicamente, nomeando-as de "núcleo duro". As disciplinas que eram mais "lógicas" (que eu conseguiria passar mais tempo sem esquecer) eu estudava primeiro e as que tinham muitas regras (português, legislação etc.) eu deixava para mais perto da prova. Testei, então, pela primeira vez esse método. Como eu disse, foram três concursos no mesmo final de semana e, como sou indeciso e ansioso (eu sei, ninguém é perfeito), me inscrevi para os três. Cada edital/conteúdo programático tinha uma ou duas disciplinas diferentes em relação aos outros. O núcleo duro eu já tinha batido, então estudei mais umas duas disciplinas apenas para cada um dos três cargos.

Para a minha felicidade, passei na prova objetiva dos três certames. Reprovei na redação apenas para a área de controle interno (justamente a que eu mais queria!). Mas fui aprovado dentro das vagas e convocado para o curso de formação para os cargos de Analista de Gestão Administrativa da SAD-PE e Analista de Planejamento da SEPLAG-PE, hoje denominados Gestores Governamentais, com salário final de quase 20 mil reais. Esse fato aumentou ainda mais a minha confiança, pois tive apenas dois meses para estudar no pós-edital. Testei o Estudo Incremental e funcionou!

Depois disso, aprendi a sempre estudar as matérias básicas, o núcleo duro, e depois correr para bater o que viesse de novidade, sempre tendo a humildade de voltar a estudar a teoria do início. Mesmo estando em contato contínuo com o núcleo duro, é preciso sempre reestudá-lo. Gosto de citar para os meus alunos o exemplo do aprendiz em Taekwondo. Quando há a mudança de faixa, a caminho da faixa preta, o aluno tem de executar os golpes das faixas inferiores, voltando às origens, para conseguir avançar na arte marcial. O concurseiro de faixa preta, aquele cara que já tem uma superbagagem, precisa ter essa humildade, precisa estudar também as matérias básicas, voltar à Aula 00 mesmo!

Em maio de 2010, dando sequência ao Estudo Incremental, fiz a prova do concurso para a Defensoria Pública da União – DPU, também para o cargo de contador. Levei comigo quase todas as disciplinas que eu havia estudado para as secretarias de Pernambuco, o que facilitou em muito o meu sucesso. Passei em sexto lugar nesse certame, para a minha felicidade. Isso me motivou ainda mais a manter o foco nos estudos, era a minha terceira aprovação em cargos de analista apenas no primeiro semestre daquele ano.

Cinco meses depois, ainda em 2010, no mês de outubro, tive como desafio o concurso do Ministério do Turismo, um dos casos mais inusitados da minha vida de concurseiro, pois passei no concurso e só fiquei sabendo por meio de uma amiga que encontrei ocasionalmente, dentro de um ônibus em Brasília. Ela me viu e abriu um sorriso dando-me os parabéns pela aprovação. Eu realmente não sabia por que ela me parabenizava, não tinha visto o resultado.

Pois é, passei em primeiro lugar. Fiz esse concurso sem estudar especificamente para ele, apenas levando comigo o estudo que já tinha feito com base no edital do TCU, que já havia garantido aprovações na SAD-PE, SEPLAG-PE e DPU. Mais um teste positivo do meu método! Entretanto, nem cheguei a ocupar o cargo, segui o meu caminho, sabia que só deveria parar quando estivesse nomeado no cargo que resolvesse o meu problema (pelo menos o problema da vez).

É importante destacar que em momento algum eu parei de estudar. Nenhuma das minhas aprovações me tirou do foco, pois eu sabia que ainda não tinha conseguido alcançar o meu objetivo. Continuei estudando, afinal, o edital do Tribunal Regional do

Trabalho da 21ª Região estava na praça. Nunca havia passado pela minha cabeça a possibilidade de trabalhar num TRT, mas fui convencido pelo amigo Tiago Rodrigues, que me apresentou à carreira de tribunais. Percebi uma excelente oportunidade de ganhar bem e morar em Natal/RN, desejo de muitos.

Durante esse período eu já estava no exército há sete anos, mas ainda estava graduado como 3º Sargento (as promoções no exército demoram um bocadinho). Decidi que eu queria sair, pois estava descontente com a vida militar, e conversei com Fernanda sobre o assunto. Ela concordou em segurar as pontas financeiramente. Pedi a exoneração em 26 de novembro do ano de 2010, e com o dinheiro me organizei para ficar em casa estudando. Foi quando recebi uma ligação, no mesmo dia, da Defensoria da União para assumir o cargo de contador na Defensoria Pública-Geral da União, sede da DPU, já na primeira semana de dezembro de 2010. Passei apenas alguns dias desempregado.

Foi nesse intervalo entre sair do exército e entrar na DPU que fiz a prova para o TRT-RN. Era a primeira vez que eu viajava para fazer uma prova (os concursos em Pernambuco eu fiz numa viagem de férias). Também era a minha primeira prova para tribunais. Eu estava tranquilo, sabia que tinha estudado bem as disciplinas. Era uma prova no estilo "certo e errado", típico do Cespe. Como eu já disse neste livro, sou conservador, não gosto de chutar. Deixei mais de 20 questões em branco, isso mesmo, mais de 20! No entanto, como eu sempre treinava acurácia (explicarei melhor sobre isso um pouco mais à frente), errei apenas 5 questões. Dessa forma, consegui uma boa pontuação.

Voltei para Brasília com a sensação de não ter conseguido. Não sei por que, mas eu não estava botando fé em uma aprovação. Na terça-feira seguinte, como manda o figurino, o Cespe liberou o gabarito. Corrigi a minha prova e postei a nota no *ranking* do Fórum Correio Web, que era o *point* dos concurseiros daquela época, e, para a minha surpresa, eu figurava em 1º lugar. Fiquei nessa posição até a fase de julgamento de recurso, quando cai para 3º lugar. Mas isso não mudou em nada a minha vida, pois eram cinco vagas. E o ano de 2010 acabou assim, com muita emoção.

A dificuldade só existe para quem aceita

Não posso negar, o ano de 2010 foi bem desafiador e positivo para mim, havia passado em cinco concursos difíceis. Para começar, tinha assumido o cargo na Defensoria Pública da União (DPU), com sede em Brasília. Havia deixado as Forças Armadas para me dedicar somente aos estudos, mas a minha "moleza" durou pouco, fiquei apenas cinco dias em casa até entrar na DPU. A sorte realmente requer coragem, afinal, não é todo mundo que tem a bravura/loucura de deixar um emprego estável para se dedicar ao mais novo sonho. No meu caso, ser Auditor (sim, eu queria o poder da caneta! E sempre soube que o caminho seria de degrau a degrau).

Eu tinha saído da minha condição de Sargento do Exército para trabalhar em um órgão do Executivo Federal. Foi uma mudança forte e muito benéfica para mim, exigiu-me muito esforço; mas cada suor gasto valeu a pena (por isso sempre digo: não desista do seu sonho! Se esforce e verá o resultado). Eu tinha conseguido galgar a minha segunda ascensão social. A primeira foi quando entrei para o Exército, havia saído da condição de pobreza em que vivia. O cargo de Sargento me proporcionou o primeiro degrau para algo melhor. A segunda foi esse cargo de Analista da DPU, que me proporcionou uma situação financeira um pouco mais confortável.

Como eu disse, 2010 foi um ano maravilhoso, mas, como diz o ditado, nem tudo são flores. Entrei na DPU em um momento complicado. Os cargos comissionados estavam sendo todos exonerados aos poucos, e nós, os servidores concursados, estávamos ocupando o lugar deles, por esse motivo, éramos tratados com hostilidade por quem já trabalhava no local, nos viam como usurpadores. Dessa forma, eu e os outros servidores éramos tratados com desprezo pelo pessoal comissionado. Isso me frustrou um pouco, pois foi minha primeira experiência de concursado com nível superior.

Alguns dias antes de tomar posse na Defensoria, eu havia feito o concurso para o Tribunal Regional do Trabalho de Natal (TRT-RN) e já tinha conferido o gabarito. Sabia que tinha passado. Então permaneci na DPU já sabendo que iria para o TRT-RN, o que me deu mais ânimo para enfrentar a situação desagradável e hostil na Defensoria. Passei apenas seis meses nesse órgão e logo o Tribunal me chamou para assumir. Foi uma vitória e tanto! Saí do nada para ser Sargento, de Sargento para Analista da DPU e deste para Analista Judiciário em um TRT. Fernanda vibrou junto comigo. Nós dois sempre estivemos um ao lado do outro, no amor e nos estudos. Nessa época, ela já era Sargento na Força Aérea Brasileira, em Brasília.

Eu e Fernanda ficamos felizes, sem dúvida! Teríamos uma vida melhor, mais confortável. Mas toda essa euforia passou em minutos quando percebemos que eu havia passado em um concurso em Natal, e ela estava lotada em Brasília. Foi nesse período que tivemos a nossa terceira "separação", novamente iríamos nos relacionar a distância. A primeira foi quando tive de ir ao Rio de Janeiro, na época do Exército, e ela tinha ficado em Recife. A segunda vez foi quando ela foi a Guaratinguetá, em São

Paulo, para fazer o curso de formação de Sargento e eu fiquei em Brasília. Foram dois anos dessa vez. Mas nós sempre fomos fortes, sempre dávamos um jeito. Confiante, fui a Natal e Fernanda ficou em Brasília. Mas no meu coração eu a levo para qualquer lugar que vou.

Ficamos seis meses separados. Apenas no final de 2011 Fernanda foi morar comigo. Foi um período um pouco complicado. Minha esposa não havia conseguido transferir o cargo dela de Brasília para Natal, então ela acabou pedindo a exoneração do cargo para ficarmos juntos novamente (isso é que é prova de amor! Ela estudou muito para ser Sargento da FAB, um concurso difícil (EEAR), e largou tudo para ficar comigo. Pode ter certeza de que eu nunca vou deixar essa mulher!).

Em Natal, Fernanda estudava para passar em outro concurso e aproveitou para concluir a faculdade em Ciências Contábeis. Eu fiquei responsável por toda a parte financeira da casa, enquanto minha esposa se dedicava aos estudos (o mínimo que eu podia fazer por ela, né!).

A minha recepção no TRT-RN foi bem diferente de quando entrei na DPU. O pessoal era muito simpático, e o clima era bem agradável de se trabalhar. Conheci pessoas incríveis, dispostas a me ajudar na minha adaptação em um lugar diferente.

O que não me deixou tão feliz foi o lugar em que fui lotado inicialmente. Fiquei na central de apoio à execução, fazendo cálculos trabalhistas que eram usados para rateios de verbas trabalhistas para os trabalhadores. Era bem diferente do que eu imaginava, pois pensei que trabalharia na área contábil. Mas tudo bem, vida que segue. E seguiu.

Dê sempre o seu melhor

Com dois meses de posse eu recebi uma ligação da presidência do Tribunal. Pensei que seria exonerado, afinal, não é nem um pouco comum um mero Analista receber uma ligação desse porte em tão pouco tempo. Fui chamado ao gabinete da então Juíza do Trabalho, Dr.ª Joseane Dantas, a qual estava de férias. Por esse motivo, quem me recebeu em seu gabinete foi a sua juíza substituta, o Presidente do Tribunal e o Secretário-Geral da Presidência.

De bate-pronto, fui chamado para realizar uma perícia muito importante (sem nunca ter feito uma anteriormente). Como era de interesse do Presidente do Órgão, ele me fez o "convite" irrecusável. Claro que eu disse que sim! Recebi um processo com vinte volumes e cada capítulo tinha umas duzentas páginas. Fiz esse trabalho com muita vontade e, no momento de entregá-lo, a juíza titular havia voltado das férias. Foi assim que conheci a Dr.ª Joseane, uma pessoa muito importante na minha formação como pessoa e profissional. Deu tudo certo! Meu trabalho resultou em um parecer sobre lançamentos contábeis feitos por uma das partes do processo, sendo utilizado pela magistrada para a elaboração da sentença.

Dois anos depois, a Dr.ª Joseane foi promovida a Desembargadora do Trabalho, ocupando logo a vaga de Vice-presidente do Tribunal. Fui convidado para ser o chefe do gabinete da vice-presidência, além de trabalhar com os dados estatísticos do órgão.

Desenvolvi alguns projetos para o Tribunal e, na iminência da posse da Dr.ª Joseane como Presidente do TRT21, fui convidado a ocupar a função de Secretário de Planejamento do TRT-RN. Fiquei muito feliz, eu tinha apenas 28 anos e já era secretário de um tribunal federal. Na ocasião, tive a oportunidade de reformular o Tribunal. A estrutura organizacional estava obsoleta. Mudamos o regulamento geral, a nomenclatura das unidades e realocamos várias pessoas. A minha ascensão profissional no Judiciário foi astronômica. Em apenas três anos no TRT-RN eu passei de mero fazedor de cálculo a Secretário de Planejamento. Foi uma vitória e tanto!

Mas tinha algo interessante nessa história. Por mais que eu estivesse bem, por mais reconhecido que eu fosse dentro e fora do Tribunal, algo ainda me faltava. Eu queria o "poder da caneta", queria autonomia profissional. Como analista, você fica limitado ao trabalho do Juiz. Eu tive sorte com os magistrados com quem trabalhei, sempre fui respeitado, mas nem todo mundo era tão feliz. Mesmo fazendo tantas coisas ao mesmo tempo, eu decidi estudar para ser Auditor (e a minha chefe sabia disso e apoiava).

Separados pela quarta vez

Como em vários momentos importantes da minha vida, com o jeito que ela só tem de me encher de trabalho, Fernanda me trouxe mais um desafio: o edital da Universidade Federal do Rio Grande do Norte (UFRN) para o cargo de Professor Substituto. Como eu já havia feito uma pós-graduação e também tinha acabado de publicar o meu primeiro livro, *Contabilidade Geral de Bolso* (Editora Método, 2013), o que me garantia uma boa pontuação na avaliação de títulos, julguei por bem aceitar o desafio.

Mais uma vez, estudei todo o edital, me preparei para as quatro fases daquele concurso e fui confiante realizar a prova. Foi a primeira e única oportunidade de fazer uma prova oral. Na verdade, eu tinha que ministrar uma aula para os três componentes da banca examinadora. Fui com a cara e a coragem. Me dei muito bem tanto na prova objetiva quanto na oral/aula e consegui passar em primeiro lugar. Lá fui eu, imitando mais uma vez o meu avô Barbosa, que fora militar e professor. Dei aula de Contabilidade e Matemática Financeira por dois anos naquela universidade.

Fernanda, durante esse tempo, estava estudando para concursos e havia sido aprovada no certame da Companhia de Saneamento de Pernambuco – Compesa. Era um cargo de Analista Contador, com uma remuneração muito melhor que o último emprego dela, Sargento Controlador de Voo da Força Aérea Brasileira, do qual ela se desligou para me acompanhar quando fui para Natal/RN. Não sei se por sorte ou azar, pela quarta vez nos vimos forçados a nos separar. Ela foi morar em Recife, Pernambuco, e eu fiquei em Natal, no Rio Grande do Norte.

Claro que eu teria de arrumar um jeito para ficar junto da mulher da minha vida! Não sosseguei até encontrar um concurso aberto em Pernambuco e meter a cara no livro para estudar. E eu encontrei! Para a minha felicidade, depois de 22 anos sem concurso, a Secretaria da Fazenda de Pernambuco abriu vaga para auditor.

Mergulhei com tudo, pois não era apenas meu cargo de Auditor que estava em questão, mas também meu "cargo de marido" (risos). Precisava ficar ao lado do meu amor. Tem motivação maior que essa? Precisava voltar ao meu estado natal, o meu tão amado Pernambuco.

Vale salientar aqui que, durante todo esse tempo em que Fernanda e eu estamos juntos, ficamos separados por cinco anos, apenas por conta de concursos. Esse foi um fator decisivo durante a minha preparação para o concurso da Secretaria da Fazenda de Pernambuco. Afinal, ninguém quer ter um relacionamento a distância a vida inteira.

Enquanto eu estudava para a Sefaz-PE, ficava na "ponte terrestre" Natal-Recife, toda semana, para poder ver a Fernanda, trabalhando como Analista em Natal e estudando nos intervalos dessa rotina. Em Recife, eu ficava na casa da minha sogra estudando junto com minha esposa (ela, mesmo concursada, já estava estudando para outro concurso). Ficávamos no quarto para evitar barulhos ou qualquer coisa que pudesse nos desconcentrar.

Vou deixar os detalhes dessa história de como me tornei auditor e o homem mais feliz do mundo (obrigado, Fernanda!) para as linhas do próximo capítulo.

Voltando ao batente

Como era de se esperar, voltei a estudar para concurso, a vontade de ser Auditor Fiscal ainda era grande dentro de mim, queria muito ter o poder da caneta! E, claro, morar com a minha esposa e nunca mais deixá-la longe de mim. Vamos lá, Rafael! Você consegue! Caro leitor, você que tem uma meta na vida, lute até cumpri-la.

Como eu já sabia o que fazer, devido à minha experiência de 2010, peguei o edital da área fiscal como base, identifiquei as disciplinas mais comuns nos cargos de auditor fiscal e usei o meu método para estudar.

O meu primeiro grande desafio no cargo de auditor, quatro meses depois de voltar a estudar de verdade, foi o concurso de Auditor do Estado do Ceará, da Controladoria e Ouvidoria-Geral do Estado (CGE-CE). Não conhecia a banca organizadora, UECE, mas não me importei. Nunca fui impressionado com isso.

Como eu anotava tudo o que estudava, pois fazia o controle do progresso no conteúdo programático, assunto por assunto, percebi que já havia estudado 70% do edital da CGE-CE. Passei, então, a estudar as disciplinas que faltavam, sempre tentando resolver questões da banca. Guarde isso com você, solucione sempre questões da banca que você irá enfrentar. Apesar de a teoria ser igual, a forma de abordagem muda muito de uma para outra.

Chegando o grande dia, me dirigi a Fortaleza. Fiz a prova com certa tranquilidade. Esforcei-me para passar, mas eu sabia que tinha estudado pouco. Estava ciente dos muitos desafios que teria até ocupar o meu cargo de Auditor. A confiança mais uma vez me ajudou. Aplicando tudo o que eu tinha estudado e todas as técnicas que eu tinha aprendido até ali (na prática), consegui a aprovação nesse concurso.

Foi a minha primeira aprovação para Auditor, no primeiro semestre de 2013, num órgão importante, com um salário que podia passar dos R$ 20.000,00. Eu tinha apenas 27 anos, estava confiante de que seria Auditor. Como nunca fui de parar os estudos por causa de resultado, por melhor que fosse, continuei estudando. Tinha muita prova para fazer ainda!

Por questões pessoais, resolvi não fazer o curso de formação para esse cargo quando fui convocado, essa era uma etapa obrigatória antes da nomeação. Foi uma decisão difícil, mas eu sabia aonde queria chegar e também sabia que deveria ter coragem para tomar decisões complicadas como essa.

Refrão de um bolero

Seguindo o roteiro da minha vida, enquanto trabalhava no TRT-RN e dava aula na UFRN, seguia estudando para os meus concursos. Como todo concurseiro, tive muitos dissabores durante o processo de aprovação. Um deles repercute até hoje na minha vida. Eu morava em uma cidade de praia, num lugar onde todo mundo quer passar férias. Como é de se imaginar, de vez em quando eu recebia algumas visitas de amigos e parentes.

Sejamos bem francos, visita boa é aquela que vem com data de partida. Não é verdade? Imagine que você precisa estudar, tendo o seu lar como local de estudos. Pois é, foi em uma dessas visitas que eu acabei criando inimizade com quase metade da família.

Recebi uma prima em minha casa com toda a boa vontade do mundo, estava tudo tranquilo. Ela não incomodava e eu a recebi com muito carinho, de verdade. Mas as coisas mudaram de rumo a partir do momento em que a data de partida havia se tornado indefinida. E o pior, eu estava às vésperas de fazer um concurso muito importante, do Tribunal de Contas da Bahia, terra da alegria.

O fato de não saber até quando ela ficaria me abalou emocionalmente. Eu tinha uma prova para fazer, muita coisa para estudar e poucos quartos no meu apartamento de 57 m^2. O jeito foi usar da minha sinceridade, que às vezes abunda. Percebendo que eu estava incomodado, ela me perguntou se a sua presença estava trazendo algum transtorno. Como eu não via necessidade alguma de mentir, falei que sim. Um silêncio quase fúnebre reinou naquele momento.

Como diria Humberto Gessinger, "fui sincero como não se pode ser". Mas eu não tinha outra alternativa. Estava a menos de dois meses de uma prova importante, tendo estudado por mais de oito meses até ali. Era uma chance muito boa para mim. Vinha de um bom resultado na prova da CGE-CE. Tinha muita coisa envolvida. A minha prima não entendeu, e parte da minha família também não. É difícil explicar para alguém que você precisa ficar quieto na sua, estudando. O ostracismo ao qual se submetem os concurseiros muitas vezes só é entendido por um igual.

Relaxe o bigode

Mesmo em meio à confusão familiar na qual eu me meti para poder estudar, consegui bater as minhas metas de teoria e questões. Dei o meu melhor, estudei bastante para o concurso do TCE-BA, sabia que seria uma excelente oportunidade para mim.

A banca desse concurso era a FGV, temida por suas provas de português, que deixariam Machado de Assis em dúvida. Falando em português, não poderia deixar de contar um fato interessante em relação a essa disciplina. Desde o concurso da CGE-CE, sempre utilizei o mesmo curso em PDF, o mesmo! Lia e relia o curso inteiro para cada prova que ia fazer, respondendo novamente as questões do material e complementando com questões da banca em um site de questões. O resultado estava sendo positivo, já havia logrado êxito em dois concursos.

Voltando ao TCE-BA, organizei a minha ida para Salvador e fui para mais uma batalha com confiança. Fiz tudo como manda o figurino. Reestudei as disciplinas que faltavam no pós-edital, fiz 4 mil questões nos dois meses que antecederam a prova, revisei apenas o que eu errava e fiz uma revisão de véspera abarcando 80% dos assuntos mais importantes.

Corrigi o gabarito oficial definitivo e o resultado da prova objetiva e fiquei em 35º lugar, mas eram apenas 25 vagas. Isso acabou me deixando um pouco chateado, porque eu dependia agora de uma boa nota na discursiva. Como eu não tinha um bom histórico em discursivas, acabei ficando triste. Já dependi de discursivas outras vezes e sempre havia amargado a indiferença da banca em relação aos meus textos. Não que eu fosse ruim, mas nunca consegui ganhar posições com isso.

No entanto, como Deus é bom e queria que eu fosse baiano, as coisas saíram bem diferentes do normal. Com a saída do resultado das provas discursivas, saltei de 35º para 17º lugar, algo improvável para mim até aquele momento. Isso fazendo a prova direto no caderno de respostas. Como assim, Rafael, sem rascunho? Isso mesmo, na "vera"! Foi assim que eu consegui evoluir nas provas, passei a ganhar mais tempo para voltar nas questões e fazer a prova em camadas.

Pera, pera, pera, professor! Discursivas sem rascunhos e provas em camadas são novidades para mim. Teria como você explicar melhor como você fazia isso? Claro, vou explicar tudo na parte do nosso livro em que passarei as minhas técnicas de estudo. Tenha calma, relaxe o bigode...

Para inglês ver

Em seguida abriu um concurso para Auditor no estado do Maranhão (CGE-MA), com provas aplicadas em março de 2014. Seria o meu segundo desafio em cargos para a área de controle interno. Dois fatos me marcaram muito nesse desafio: o primeiro foi a minha experiência mais emblemática com o estudo da Língua Inglesa; o segundo foi a minha experiência de passar literalmente na cagada!

Pois bem, vamos ao primeiro ponto. Procuro contar neste livro todos os casos que considero importantes na minha trajetória, que possam, inclusive, servir de referência para quem também está estudando. Dessa forma, é natural que eu fale mais das minhas aprovações. Afinal, quem compraria um livro para ficar lendo apenas sobre derrotas, não é mesmo? Mas tem uma derrota que eu considero importante, pois me fez ver que tudo na vida depende da força de vontade e da quantidade de HBC (horas-bunda-cadeira) que você está disposto a alocar em determinado projeto. Não existe nada impossível no mundo dos concursos.

Veja como isso tudo faz sentido. Fiz um concurso para o Senado Federal sem estudar de verdade, apenas queria entender como eu estava. Foi para o cargo de Analista Legislativo (Contabilidade), com um mínimo de pontos a serem obtidos por disciplina. A prova foi organizada pela FGV e tinha inglês como uma das disciplinas exigidas. Fiz uma boa prova, mas levei corte em apenas uma disciplina: justamente em Língua Inglesa.

Fiquei chateado por um bom tempo. Mesmo sem ter estudado para esse concurso, ninguém espera tomar um balde de água fria como esse. Não obstante ser em inglês, uma língua que nunca estudei. Sempre que um concurso me permitia optar pela língua estrangeira, eu geralmente escolhia espanhol.

Mas no concurso para a CGE-MA eu não tinha para onde fugir, o inglês era a única opção de língua estrangeira. Como eu não sou de correr de desafio, fui estudar essa disciplina. Tracei uma estratégia diferente, passei a estudar inglês todos os dias, inicialmente por vídeos.

Para não comprometer o meu ciclo, passei a assistir às videoaulas na TV, enquanto almoçava. Na sequência, no período da noite, fazia algumas questões de prova da banca. Além disso, passei a ler textos em inglês, em sites relacionados à atividade de controle interno. Com isso, aumentei o meu vocabulário e passei a conhecer todos os termos técnicos utilizados em relatórios de auditoria ou artigos correlatos.

Resumo da história: não aprendi a falar inglês e tampouco a escrever na língua do Tio Sam, mas aprendi a resolver questões de inglês em concursos na área de controle como ninguém. Vejam quão específica foi a minha referência: "aprendi a resolver questões de inglês em concursos na área de controle". A fórmula foi a seguinte: videoaulas + questões + leitura de textos técnicos (sempre acompanhada de buscas de significados em um dicionário inglês-português).

Pois é, você não precisa saber a disciplina, você precisa saber fazer as questões da disciplina. São coisas totalmente diferentes. Por isso, tenha muito cuidado com o grau de exigência que você impõe a si mesmo em relação ao nível de aprendizagem que você está desenvolvendo. Para passar em provas de concursos, mais vale a expertise em "resolver questões" do que o conhecimento em si da disciplina. Sejamos práticos, o que importa mesmo é marcar a "bolinha" certa no caderno de questões.

Passei na cagada

Passarei a contar a segunda experiência que me marcou nessa prova da CGE-MA, foi um certame de fortes emoções.

Estudei como sempre, seguindo o meu método, sistematicamente, dando prioridade à leitura de PDFs, resolvendo bastante questões e usando as videoaulas de forma complementar, e então viajei para São Luís do Maranhão, local de aplicação das provas objetivas. Era mês de março, o clima estava abafado e fazia muito calor, típico da região amazônica. Eu sei, o Maranhão fica no Nordeste, mas a Amazônia Legal compreende grande parte do Estado do Maranhão.

Seguindo o cortejo, fiz a primeira prova, na parte da manhã, com bastante tranquilidade. Eu havia estudado muito bem para essa prova, sabia que somente um desastre poderia me deter. Lembre-se de que sempre fui muito confiante para as minhas provas, não podia ser diferente nessa. Li todas as questões e entreguei a prova dentro do tempo regulamentar. Parti, então, para o almoço, num shopping perto do local de prova.

Não sabia eu que estava prestes a tomar uma das decisões mais equivocadas da minha vida. Depois de olhar todas as linhas de servir dos restaurantes da praça de alimentação do shopping, olhei para Fernanda e disse: "já sei, vou comer comida mexicana!". Sabendo dos perigos aos quais eu estava me expondo, minha digníssima falou, pacientemente: "mas, Rafael, porque você não come algo mais leve, com menos queijo e menos pimenta?". Ouvi o conselho dela, mas, como todo homem teimoso, resolvi seguir o meu instinto.

Servi-me com tudo o que tinha direito, incluindo o "chilli com carne", aquele feijão típico dos restaurantes mexicanos do Brasil. Terminei meu almoço e segui de volta para o local de prova. Sentei na minha cadeira, recebi o meu caderno de provas e baixei a cabeça para ler a primeira questão. Antes que eu avançasse para a segunda questão, já era possível ouvir o ruído na minha barriga, como se um trem estivesse se aproximando de uma estação. Foi assustador!

Foram quatro horas de pânico até entregar a prova ao fiscal da sala. Lembro-me de ter ido ao banheiro, pelo menos, cinco vezes. O fiscal do corredor já me conhecia. Deixaram até um detector de metais exclusivo para mim. Afinal, não é comum alguém ir tantas vezes ao banheiro durante uma prova. Acho que pensaram que eu estava fraudando.

Essa era a prova mais difícil do concurso, com as disciplinas mais importantes e mais pesadas. Se eu tivesse ouvido a Fernanda, nada disso teria acontecido. Mas tentei aproveitar cada ida ao banheiro para conjecturar sobre as questões que acabara de ler, era um momento de reflexão profunda.

Entreguei a prova depois de muito esforço (não sorria da situação, foi sério). Dei o meu melhor. Fui para casa chateado, mas no fundo eu sabia que a prova tinha vindo para mim. Meu estado de alerta ininterrupto, causado pelo desconforto intestinal, acabou me ajudando, de certa forma, já que o foco era total, quando eu conseguia ler os comandos das questões.

O resultado foi surpreendente, passei em 2º lugar nesse concurso, coisa de Deus. Quando a prova vem para nós e estamos preparados, não tem desarranjo que atrapalhe. Mas é claro que eu não incentivo a ingestão de comida mexicana antes das provas, vai que você não tem a minha sorte.

Ainda assim, decidi não assumir o cargo por conta de Fernanda. O Maranhão nos deixaria ainda mais afastados. Ela ainda estava em Pernambuco, na Compesa, e também estudava para passar em um concurso melhor, mas que fosse em Pernambuco. Então, como um bom marido que sou, segui a mesma linha de pensamento dela: vou estudar para um concurso no nosso estado e serei auditor!

A escolha de Sofia

Passei por alguns momentos difíceis na minha vida de concurseiro, principalmente quando tive de recusar a posse ou não ir a algum curso de formação. Fiz isso algumas vezes, mas não tomar posse no TCE-BA foi para mim a decisão mais difícil, por vários motivos.

O meu maior objetivo era ser Auditor, mas tinha que conciliar com a lotação da minha esposa em Recife/PE. Afinal, nós já havíamos passado, ao todo, contando com todos os afastamentos, cinco anos separados. Foi por esse motivo que não fui para o curso de formação da CGE-CE nem tomei posse na CGE-MA.

Dessa forma, seria a minha terceira recusa ao cargo de Auditor, num importante Tribunal de Contas, com excelente remuneração, qualidade de vida, lotação em Salvador/BA, possibilidade de teletrabalho. Além disso, eu não tinha mais nenhum concurso em vista, era um tiro no escuro. Enfim, eu tinha quase todos os motivos para assumir o cargo.

Fui até o TCE-BA e conversei com o pessoal, incluindo o Presidente na época, Dr. Inaldo Paixão, eu realmente tinha a intenção de integrar aquele Tribunal. Fiz de tudo para ganhar tempo até tomar a decisão. Pedi até a prorrogação de prazo para a posse. Mas não teve jeito, tive que escolher, no último dia do prazo. O coração, mais uma vez, falou mais alto.

Resolvi ficar no TRT-RN e continuar estudando. Fiquei muito triste, mas não tinha o que fazer. As coisas nem sempre saem como a gente quer. E nem sempre um “problema” como esse é algo ruim para a nossa vida. Às vezes é só um momento de alinhamento, algo importante para nos manter firmes no propósito.

Eu e minha tábua de passar

Ainda mais motivado para estudar e conseguir o meu cargo de Auditor, em definitivo, segui como sempre: estudando. Depois da minha decisão de não assumir o TCE-BA, não tive outra escolha. Peguei um edital para a área fiscal e caí nos estudos novamente. Passei a me dedicar ao concurso da Secretaria da Fazenda de Pernambuco (Sefaz-PE), que estava virando lenda já (o último concurso havia sido em 1992).

Nessa época, eu estava dando aula na UFRN, exercendo o cargo de Analista no TRT-RN e viajando toda semana para Recife para ver Fernanda. Encaixei os estudos nessa rotina maluca, fazendo o impossível para bater o edital da Sefaz-PE (estudando de forma incremental). Foi puxado, mas quem disse que seria fácil?

Como eu disse, há 22 anos não abria concurso para a Sefaz-PE, o último tinha sido em 1992, mas eu tive fé de que em algum momento abriria. E, quando acontecesse, eu estaria pronto para passar! Contudo, caso não desse certo, eu pediria transferência do TRT-RN para o TRT-PE para morar com Fernanda (esse era o meu plano B).

Seria a minha última cartada para ser Auditor. Então, como eu sabia que o meu destino era voltar pra Pernambuco, mudei minha residência para Recife e passei a viajar 600 km toda semana (passava a semana trabalhando em Natal e os fins de semana em Recife). Loucura, né? Não. O nome disso é amor.

Mesmo nessa correria que virou a minha vida, eu conseguia estudar quatro horas por dia, seguindo sempre o meu método (que logo vou te dizer como é, calma aí). Eu não tinha mais tempo a perder, esse era o meu tiro final para ser Auditor.

Pouco tempo depois de ter desistido do TCE-BA, cerca de três meses, abriram os dois concursos para Auditor mais esperados em Pernambuco. Parece que foi combinado, o Estado de Pernambuco e a Prefeitura do Recife abriram os concursos para as suas secretarias de fazenda no mesmo mês. Para completar, as provas ocorreriam em finais de semana seguidos. Inscrevi-me para os dois, mas fui estudar para o mais difícil.

Eu sempre procuro o cargo mais difícil, que tem o edital maior, pois acredito que no impossível a concorrência é menor. O concurseiro medroso que confia no chute corre logo quando vê um edital grande. Então, seguindo esse raciocínio, a concorrência diminui.

Ao mesmo tempo que eu estudava para ser auditor, Fernanda estudava para sair da Compesa. Estávamos provisoriamente na casa da minha sogra, que só tinha um local de estudo. Como todo cavalheiro, cedi o espaço para a dama e me virei como deu para estudar.

As coisas realmente não eram fáceis. Não conseguia estudar deitado, logo, tive que desconsiderar ler na cama. Na sala sempre tinha gente vendo TV, ou seja, era impossível também. Diante de tantas "portas fechadas", me veio uma ideia inusitada, usar a tábua de passar roupa como apoio para o meu *notebook*. Foi justamente o que eu fiz, estudei para a Sefaz-PE em uma tábua de passar (parece que deu certo, é de passar mesmo!).

Confiança demais dá azar

Eu sempre estudei muito, com qualidade. Resolvia muitas questões e tinha um percentual de acerto sempre alto. Isso me ajudava muito no quesito confiança, que considero um ponto importante para vencer qualquer batalha. No entanto, cometi o pior erro que um concurseiro pode cometer: desdenhei de uma disciplina.

Eu era muito bom em Administração Financeira e Orçamentária (AFO), bati todo o edital várias vezes (os assuntos de AFO se repetem sempre nos concursos). Eu geralmente gabaritava nessa disciplina, eu realmente era bom nela. Esse sentimento de "eu sou foda" me fez não estudar AFO para a prova do ISS-Recife, eu julgava saber demais.

Fui fazer a prova do fisco recifense, que era o meu concurso alvo entre os dois que abriram (estudei apenas Legislação Tributária para a Sefaz-PE, o resto eu ia com o que eu sabia). Estava muito confiante para essa prova. Gabaritei Legislação Tributária de Recife e tirei notas altíssimas nas demais disciplinas, com exceção de AFO, que só consegui fazer 40%. De dez questões, acertei apenas quatro. Logo na disciplina que eu sabia tudo...

Fiquei muito chateado. Eram treze vagas apenas e eu sabia que esses 40% em AFO me jogariam para fora das vagas. Tudo culpa do meu excesso de confiança. Fica a dica para você: em um concurso importante, mesmo que você já tenha uma boa bagagem, nunca desdenhe de uma disciplina. Temos que ter a humildade de estudar todas sempre, mesmo as básicas. Confiança demais pode dar azar.

Beber, cair e levantar

Como falei anteriormente, a prova da Sefaz-PE se deu no fim de semana seguinte ao da prova do ISS-Recife. Depois do tombo que eu tive em AFO, que me fez perder a segunda e a terça-feira, quando liberaram o gabarito preliminar, precisei me levantar rapidamente. Era preciso engolir o choro e agir estrategicamente.

Para a prova da Sefaz-PE faltava apenas uma disciplina a ser estudada, Tecnologia da Informação. Legislação Tributária eu havia estudado nas minhas folgas, apenas as videoaulas do Professor Romero Auto, hoje meu colega de trabalho, e as outras disciplinas estavam também no edital do ISS-Recife.

Eu tinha apenas quatro dias até a prova, precisava operar um milagre com a disciplina Tecnologia da Informação, que eu sabia que era importante. O curso em PDF tinha 10 aulas, mas eu não tinha tempo para assistir a todas. Tive, então, de escolher três ou quatro aulas, que era o máximo que eu conseguiria ver até a prova.

Por meio da análise estatística do histórico da banca em relação a essa disciplina, percebi que 80% das questões de TI se concentravam em apenas três aulas. Bingo! Já tinha um caminho a seguir. Estudei apenas três aulas do curso e consegui acertar todas as questões de Tecnologia da Informação que constaram na prova da Sefaz-PE. Acertei em cheio!

Com a ajuda dos pontos que fiz nessa disciplina, consegui uma excelente pontuação na prova do fisco pernambucano, o suficiente para me garantir na lista dos nomeados na Secretaria de Fazenda de Pernambuco. Depois de tanto sofrimento, três desistências a cargos de Auditor, uma "vida" inteira estudando e muitos tombos, consegui obter o "poder da caneta".

Eu tinha 30 anos de idade quando fui nomeado na Sefaz-PE, dia 1° de maio de 2016, e consegui voltar para minha terra natal despois de 12 anos fora, fruto das minhas aprovações em concursos públicos. Agora era a hora de buscar novas metas para a minha vida. Afinal, acabara de aposentar as canetas.

De repente *coach*

Tudo começou em julho de 2017, quando eu já era Auditor Fiscal da Secretaria da Fazenda de Pernambuco. Antes disso, fui Analista do TRT-RN e meu cargo nesse órgão exigia de mim muito tempo, mais de oito horas de trabalho em alguns dias da semana. Eu era Secretário de Planejamento do TRT21, função que exigia muito de mim.

No meu novo cargo, como Auditor Fiscal, que tinha carga horária de 30 horas semanais, acabei ficando com um pouco de tempo livre. Então, Fernanda (sempre ela me salvando e me fazendo crescer!), me vendo um pouco ocioso e inquieto, sugeriu que eu fosse *coach* para Concursos. Afinal, durante o meu processo de aprovação, eu já havia ajudado algumas pessoas voluntariamente. Ela sabia que eu poderia me completar nessa atividade.

Dentre essas "mãozinhas" que eu já tinha dado a alguns colegas, merece destaque o caso de Nara Cristina, uma amiga que se formou comigo na Universidade de Brasília. Ela estava bem desanimada com os seus resultados e não encontrava muito apoio em casa (a realidade de muitos concurseiros). Sabendo que eu já havia passado em vários concursos, ela veio me perguntar o que deveria fazer para melhorar seus resultados.

Fui até a casa dela e observei seu comportamento. Em seguida, recomendei que ela fizesse as divisões de tempo como eu fazia, separando a sua carga horária em teoria, questões e revisões (do mesmo modo que eu fazia). Indiquei o material que eu usava e me pus à disposição para outras orientações. Ela seguiu algumas das minhas dicas e, em pouco tempo, conseguiu aprovação no concurso da Fundação Universidade de Brasília, para o cargo de Auditor, onde trabalha até os dias de hoje.

Fui convencido por Fernanda a treinar pessoas para que elas passassem em concursos públicos. Fiquei animado com a ideia! Eu já fazia isso sem saber, já tinha aconselhado muita gente nesse aspecto. Além disso, como queríamos comprar nosso apartamento, pois ainda morávamos de aluguel, estávamos precisando de uma grana extra.

Ainda lembro quando ela disse "você vai ajudar as pessoas, vai dar um bom uso ao seu tempo e ainda vai ter retorno financeiro". Que mulher incrível! No mesmo dia, liguei para o Professor Eduardo da Rocha, que também é Auditor na Sefaz-PE e trabalhava nessa área. Ele me deu muita força, explicou como funcionava, fez o que pôde para me ajudar. Instruiu-me a criar uma conta no *Instagram*, indicou leituras e me deu alguns toques sobre a profissão de *coach*. Fiz a conta no *Instagram* na sexta-feira e, na segunda, eu já estava com quatro alunos. Fiquei muito animado!

Sem dúvida, me encontrei nessa atividade, pois me pus de volta ao mundo dos concursos (só que agora do outro lado). Consigo passar para as pessoas tudo o que aprendi durante o meu processo de aprovação, em que consegui passar em mais de uma dezena de concursos públicos.

PARTE II

EXERCÍCIOS MOTIVACIONAIS

Conhece-te a ti mesmo

Todos nós precisamos de motivação para fazer qualquer coisa na vida. Alguns buscam no dinheiro, outros no amor, na qualidade de vida, na saúde e assim por diante. A motivação é o nosso combustível, sem ela nosso "motor" não funciona. É aquilo que faz o nosso corpo se levantar, deixar de lado o conforto e gastar energia em algum projeto. Você pode até se perguntar: "Mas e as pessoas negativas? Elas também têm motivação?". Pois é, eu penso que sim. Pessoas negativas também são seres vivos. Às vezes a motivação delas é apenas torcer contra, como se esperassem o pior final possível. E isso, por si só, é uma motivação.

Muito cuidado ao se relacionar com pessoas negativas. Isso porque, por mais que você queira, uma hora ou outra você terá que conviver com gente assim, que reclama de tudo, nada está bom, nada presta. Eu costumo dar a seguinte dica de "como lidar com a negatividade alheia": finja demência. Isso mesmo, seja cortês, dê atenção, trate com urbanidade, mas finja que não entende das coisas, não absorva a energia negativa. É a famosa "cara de paisagem", faça e seja feliz.

Por falar em pessoas negativas, não há nada mais baixo astral do que quando você encontra um amigo que não vê há anos, faz a maior festa e pergunta para ele: "E aí, cara? Quanto tempo! Como está?". Toda a nossa empolgação vai por água abaixo quando a resposta é: "Tô caminhando como a vida quer". Que tristeza sinto ao ouvir isso. O tom da resposta é de lamento. Como pode alguém perder o rumo de sua vida? Desde quando a vida manda na gente? Falta motivação na vida desse sujeito. Se você é como a pessoa desse exemplo, se oriente! Mude de postura. Tome as rédeas da sua vida.

Precisamos entender que nós somos os protagonistas das nossas vidas, somos nós que a planejamos, desejamos, agimos e esperamos quando não podemos fazer mais nada, mas esse "esperar" é ativo e com vibrações positivas. Não se trata de "esperar um milagre", inerte, trata-se de esperar o tempo das coisas, quando você já fez a sua parte. Nosso corpo recebe a energia do nosso pensamento, isso é cientificamente comprovado pela medicina e pela psicologia. Então, obviamente, precisamos treinar nossos pensamentos para evitar a autossabotagem.

Agora você deve estar se perguntando o que é autossabotagem, né? (risos) Vou te explicar. A gente se autossabota quando criamos obstáculos ou empecilhos que nos atrapalham na realização de nossos objetivos. E esses obstáculos podem ser criados de forma consciente ou inconsciente, fazendo com que nos sabotemos "sem intenção". Um exemplo clássico: o cara chega em casa, se olha no espelho e não se agrada com o que vê. Ele pensa "quero perder peso, vou fazer dieta". Ele fica todo empolgado, chega até a cozinhar, olha as coisas gostosas na geladeira e diz "vou comer tudo o que tem aqui, sem problema, e começo a dieta na segunda". Ele procrastinou sabe-se lá por quanto tempo o que poderia ter resolvido naquele exato momento. Deixar para amanhã o que pode ser feito hoje é algo comum entre as pessoas que se autossabotam.

Então a gente para e pensa: quantas coisas eu já adiei por conta de empecilhos e desculpas que dou para mim mesmo? Pois é, muitas. Todos nós temos mania de pensar no que devemos fazer hoje, mas relacionando o fato no tempo futuro, pois colocamos sempre muitos atropelos criados por nós. Isso tem a ver também com priorização. Precisamos aprender a classificar aquilo que é prioridade sempre como algo urgente. Mas não é apenas por questões de identificação, precisamos de fato colocar a urgência em primeiro plano.

Posso dar um exemplo dentro da minha roda de convívio. Tenho uma colega que é viciada em trabalho, nessa área ela realmente não procrastina. Mas já temos uma ideia no mundo de hoje que o estresse está também relacionado ao excesso de trabalho. Essa colega desenvolveu uma crise forte de enxaqueca crônica devido ao estresse, desencadeando uma forte tensão muscular. Ela sabe que, para se tratar, precisa diminuir o ritmo de trabalho e frequentar um determinado local para iniciar um tratamento eficaz. Minha colega vive falando desse tratamento, com o seguinte discurso: "Rafael, não aguento mais tomar analgésico todo dia. Vou me organizar para iniciar o tratamento, não dá mais". Ela sempre fala isso, na verdade, ela repete isso há três anos. Três anos tomando analgésico todo dia e trabalhando no mesmo ritmo.

Eu, depois de tantas vezes ouvir a mesma conversa, disse-lhe certa vez: "O que te impede de começar?". Minha colega, que fala pelos cotovelos, ficou muda pela primeira vez na vida, eu acho (hahaha). Ela olhou para mim e, com um ar perplexo, disse: "nada". Para efetivamente começarmos a executar algo, precisamos dar fim à fase de planejamento, nós temos de agir, dar o primeiro passo. Aqui e agora! O ato de planejar nos prepara melhor para a execução de qualquer projeto, sem dúvida, mas só o agir efetivamente dá início a eles.

Minha colega estava presa na fase do planejar, sem se dar conta de que só dependia dela para que o projeto planejado começasse a ser executado. Você precisa saber que os "milagres" da vida moderna, como o sucesso (que todo mundo busca), dependem mais da ação do que da intenção. Só precisamos entender como esse processo acontece. Por isso, neste capítulo, treinaremos juntos nossos pensamentos, comportamentos e emoções para nos munir e enfrentar o mundo dos concursos de forma ativa. Agindo como devemos agir. Isso vai depender muito do seu espírito, da sua energia, da sua vibração. Pessoas positivas tendem a agir mais facilmente, dada a confiança em si que elas naturalmente desenvolvem. Por isso, busque sempre a positividade.

O primeiro passo para esse preparo é você identificar suas vibrações, positivas e negativas. Precisamos mapear a nossa mente e identificar o que é negativo e o que é positivo dentro de nós. Calma, não fique assustado, todo mundo possui sentimentos negativos e convive com eles, isso é natural para o nosso equilíbrio. Vamos buscar neste livro identificar esses sentimentos, para que você consiga conviver com os negativos, minimizando-os, e potencializar os positivos.

Para tanto, preciso fazer uma pergunta: como você se sente agora, enquanto estuda para concursos (que é o foco do nosso livro)? Por enquanto, responda a essa pergunta envolvendo todos os seus sentimentos negativos (escreva a lápis, de preferência). Identifique todos eles no quadro a seguir e tente buscar a origem ou explicação para cada um (a primeira linha é um exemplo para você seguir).

SENTIMENTO	ORIGEM
Ansiedade	Não consigo resolver um problema pendente no tempo que eu quero, que eu acho razoável.

Sei que às vezes é difícil relacionar um sentimento a apenas uma origem, mas tente fazer isso. Se tiver mais de uma origem, escreva aquela que representa a mais significativa. O exercício de escrever o que sentimos é uma ferramenta poderosa para o autoconhecimento.

Conseguiu escrever? Viu como tudo fica mais fácil quando a gente começa a escrever e lê depois? Nós conseguimos, dessa forma, liberar um pouco a mente e conhecer bem melhor aquilo que está nos ajudando e o que está nos atrapalhando. Por meio dessa técnica simples, começamos a nos conhecer com mais clareza.

Agora, vamos elencar os sentimentos positivos e as suas origens ou explicação.

SENTIMENTO	ORIGEM
Esperança	Entendo que cada coisa tem o seu tempo.

Pode confessar, é mais fácil escrever sobre o que sentimos de positivo, não é mesmo? Isso acontece porque os sentimentos negativos às vezes se escondem, algumas pessoas nem percebem que os têm. Dou uma dica adicional: depois de ter escrito os sentimentos negativos e positivos que você sente atualmente, feche o livro e vá fazer outra atividade. Amanhã, quando você voltar a ler este livro, inicie relendo aquilo que você escreveu. Provavelmente você terá que complementar algum texto. Isso acontece porque muito do que escrevemos depende do nosso estado emocional, que pode variar (geralmente varia) de um dia para o outro.

Vamos lá, ainda não acabamos. Diante do que você escreveu nos dois quadros anteriores, vamos agora relacionar os sentimentos negativos e positivos em um mesmo quadro (os sentimentos escritos são meramente ilustrativos).

POSITIVO	NEGATIVO
esperança	ansiedade

Em seguida, sabendo quais são os sentimentos que você deve trabalhar, vamos procurar meios para potencializar os positivos e minimizar os negativos. São exercícios diários que você deve fazer. Tomando o nosso exemplo, podemos potencializar a esperança reforçando conceitos como fé e paciência, que você pode fazer por meio da leitura de livros sobre o tema, ou mesmo assistindo a vídeos filosóficos ou motivacionais na internet.

Nesse momento, seu objetivo maior é passar em um concurso, ok? Dessa forma, sua mente precisa acreditar nisso. A partir desse "acreditar", que precisa ser cultivado todos os dias, você passará a agir no caminho do objetivo proposto. Primeiro a sua mente clama, depois o seu corpo anda.

"A lei da mente é implacável.

O que você pensa, você cria;

O que você sente, você atrai;

O que você acredita

Torna-se realidade."

Buda

Vamos adiante, em busca de um pouco mais de autoconhecimento. Você já percebeu como se sente, identificou seus sentimentos e aprendeu a potencializar os positivos para minimizar os negativos, ok?

Agora, você precisa potencializar a sua motivação. Mas o que é motivação propriamente dita, aquela que realmente estamos buscando? Motivação é um impulso positivo que transforma sua realidade para melhor. Essa é a real motivação, da qual precisamos para alcançar nossas metas. É a motivação "raiz", é como se fosse o "motor de partida" de um carro, responsável por ligar todo o sistema.

Mas cuidado com o que você ver por aí sobre motivação. Observe o funcionamento de um carro, o motor de partida funciona apenas no momento em que precisa ser ligado. Depois que ele está em funcionamento, com todas as engrenagens funcionando, com os pistões subindo e descendo, queimando combustível, movendo a carroceria, o motor de partida permanece em repouso.

Assim é com a nossa motivação. Não precisamos de uma motivação por dia, basta ter "a motivação", aquilo que é suficiente para fazer o seu motor ligar. Então, se você tem uma motivação para agir, que geralmente está relacionada a uma necessidade, uma falta, não precisa buscar novas motivações todos os dias.

Durante a minha adolescência, a minha motivação era sair da pobreza, eu não tinha o básico. Foi por isso que eu estudei tanto. Quando eu já estava em Brasília, trabalhando no exército, com o qual eu não me identificava mais, eu voltei a estudar para sair do militarismo, pois não me interessava mais pelo sistema. Essa era a minha motivação. Depois, quando eu já estava em Natal/RN, como analista do Tribunal

Regional do Trabalho da 21ª Região, ocupando um alto cargo na estrutura organizacional do órgão, como Secretário de Planejamento Estratégico, a minha motivação era ter autonomia, ser responsável direto pelas minhas ações. Eu já havia superado as necessidades que me motivaram a subir cada degrau.

Percebam que o meu motor de partida foi ligado e desligado várias vezes. A motivação, em todos os momentos que precisei, serviu para ligar as engrenagens novamente, fazer o sistema funcionar. No meu caso, a minha "máquina de aprovação em concursos". Você também tem a sua máquina de aprovação, precisa apenas ligar o seu motor de partida. A partir do acionamento do sistema, basta ficar atento. Durante a caminhada, você não precisa procurar outra motivação, precisa apenas lembrar constantemente o motivo pelo qual você estuda.

Abro um parêntese aqui para falar sobre a necessidade, que acredito ser a mão de todas as ações e invenções. Com exceção dos movimentos involuntários de alguns sistemas do nosso corpo, como o digestório, tudo o mais depende de uma necessidade. Essas necessidades, quando estamos falando de algo além das necessidades fisiológicas, como a necessidade de ter uma vida melhor, morar num lugar melhor, pagar uma escola melhor para os filhos, enfim, necessidades da vida cotidiana, é que serão a gota d'água que fara você se motivar a agir. Portanto, acredito que a motivação raiz não é aquela que as pessoas buscam em livros motivacionais, filmes ou palestras, mas, sim, aquelas que vêm de dentro. Que nascem de alguma necessidade pessoal.

Cabe aqui fazer um registro muito importante: para sermos motivados, precisamos acreditar em nós mesmos! A confiança em nós é algo crucial nessa caminhada. Além disso, temos que nos amar, nos respeitar e aprender a cuidar de nós com carinho. Você até pode achar isso clichê ou meloso, mas é a pura verdade.

No exercício a seguir, vamos escrever ou listar as suas principais necessidades atuais, aquilo que faz falta na sua vida (ou da sua família, se você for o(a) provedor(a)). Não foque apenas em coisas materiais, tente relacionar coisas que são abstratas, mas fundamentais para qualquer pessoa, como qualidade de vida. A ideia é que você identifique quais são as necessidades que, quando forem satisfeitas, resolverão problemas significativos em sua vida, independentemente de parecer ou não importante para terceiros. O problema deve ser um problema seu.

Antes de você escrever alguma coisa, deixa eu te contar uma história minha que pode ilustrar bem como uma coisa banal pode se tornar um problema para alguém. Quando eu tinha uns 13 anos de idade, eu sentia vergonha de levar os meus amigos para a minha casa, pois eu não tinha um sofá na sala para recebê-los. Parece coisa de criança (e era), mas aquilo mexia muito comigo. Eu ia para a casa dos meus amigos (todos tinham sofá) e ficava imaginando a vergonha que seria se um deles fosse na minha casa e visse que eu não tinha um sofá para oferecer a eles.

Esse problema me fez praticamente brigar com a minha mãe por muitos meses, até que ela comprasse, mesmo sem poder, um sofá para casa. Eu já estava com 14 anos quando ela conseguiu comprar o sofá. A partir desse dia, eu passei a receber visitas em casa. Nessa idade, eu já pensava em fazer concurso para as Forças Armadas, onde eu sonhava ser oficial aviador (falamos sobre isso na segunda parte deste livro).

Imagine o que estava na lista das minhas necessidades! Pois é, "ter dinheiro para comprar um sofá legal" era a primeira necessidade da minha lista. Veja como qualquer coisa, desde que represente algo importante para você, pode ser uma necessidade. E essa necessidade, entre outras, deu asas à minha motivação para vencer na vida e passar nos meus dois primeiros concursos, aos 17 anos de idade.

Partindo desse exemplo que aconteceu comigo, me diga quais são as suas necessidades atuais. Lembrando que é melhor escrever a lápis, já que num futuro próximo as suas necessidades podem mudar. Vamos lá!

Terminou o texto? Feche o livro e vá fazer outra coisa, amanhã você continua a leitura. Vamos dar um tempo para que as suas ideias sobre necessidades se organizem na sua cabeça.

Voltando à leitura

Agora leia em voz alta o que você acabou de escrever. Ao mesmo tempo, imagine o que é preciso fazer para suprir essas necessidades. Viu como você tem motivos para estudar? A sua motivação deve vir daí, desse conjunto de necessidades. A partir do último texto, escreva um outro texto com propostas de soluções para essas necessidades. Coisas que dependem de você, que estão sob a sua alçada. Já falamos de sentimentos, positivo e negativos, e necessidades. Agora vamos falar de ações. Mãos à obra!

Fim da segunda "carta". Novamente, peço que você leia em voz alta a primeira e, na sequência, leia também em voz alta as ações que você sabe que precisa tomar para suprir as suas carências. É nisso que você precisa se agarrar todas vez que sentir que seu corpo quer parar, que você achar que vai desistir.

Quando eu digo aos meus alunos que é preciso se manter ligado às necessidades, é porque eu considero ser esse o principal motivo pelo qual as pessoas de sucesso conseguem chegar lá. Elas estão o tempo inteiro relacionando as suas ações a algo que é necessário satisfazer. Mas cuidado apenas com uma coisa. Há pessoas que criam "necessidades no futuro", e passam a correr na vida para garantir algo que não é prioridade. Estão sempre criando necessidades, são pessoas consumistas.

A partir de hoje, pare de correr atrás de motivação, já que você aprendeu que ela deve vir das suas necessidades. Portanto, a energia para ligar o seu motor de partida está em você mesmo.

Estabeleça metas e objetivos

Não sei se eu já disse a você, mas essa minha atividade como *coach* me traz muita realização pessoal. A ponto de eu sonhar com ela. Existe uma troca muito interessante de energia entre *coach* e *coachee*, ensino e aprendizagem mútuos, algo difícil de explicar. E em uma das videoconferências que tive com um aluno ele me perguntou quais foram os problemas que eu tive durante o processo de preparação para concurso público. Acho que foi uma das perguntas mais difíceis de responder em toda a minha vida.

Parei para refletir, desde quando estava me preparando para entrar para as Forças Armadas, e constatei que não tive problemas. Ah, professor, para! Todo mundo tem problema! Pois é, meu amigo, eu sei que eu tive, mas o problema é que não os guardei em nenhum lugar na memória. Não veio nada na minha mente e ainda não vem nada agora, enquanto escrevo este livro. Foi quando percebi que realmente eu não tive nenhum problema. Não a ponto de me marcar. Necessidades básicas, falta de apoio, falta de grana, distância da família, nada disso foi empecilho suficiente para me desviar do foco.

Explicando melhor, eu tive algumas dificuldades, como a maioria tem, que é dificuldade financeira, além da dificuldade do tempo para estudar e local confortável. Eu tive esses dissabores, mas eu nunca foquei neles, por isso posso dizer que não tive problemas. Onde eu via dificuldade eu achava solução.

É muito importante a forma como você olha para a vida. Uma mesma situação pode parecer uma tragédia para uma pessoa e uma situação superável para outra. Quem quer desculpas, adora identificar problemas. São verdadeiras âncoras do fracasso. Você pode perceber, as pessoas negativas ou pessimistas sempre têm um problema para justificar a sua não ação, a sua paralisia. Como vimos anteriormente, se você pensar e enxergar as coisas boas, seu corpo sentirá a positividade.

A sua percepção de mundo é muito importante, por isso não foque no problema. Não traga esses sentimentos negativos para dentro de você, isso irá te prejudicar. Em vez disso, encare as coisas com mais naturalidade. Quando tiver que passar por algum obstáculo, pense em como passar mais rapidamente pela situação indesejada. Seja uma pessoa guiada por soluções. Respire soluções. Transpire soluções.

Certa vez, tive de marcar uma reunião com todos os meus *coachees* para falar sobre esse tema, uma *live* restrita. Isso porque uma das minhas alunas me ligou dizendo que estava pensando em desistir de estudar porque isso estava trazendo para ela mais problemas. Depois de ouvir isso, a inquietação veio na hora! Respirei fundo e, calmamente, tentei entender a situação.

O pai dessa aluna havia passado por um problema grave de saúde. Ela era a filha mais nova, e o irmão mais velho era dentista, com uma vida financeira estável e família formada. A minha aluna morava sozinha, vivia de renda (parte da herança antecipada) e, com a doença do pai, o havia trazido para morar com ela a fim de dar mais atenção a ele. Com a vinda do pai para a sua casa, toda a família veio junto, por causa das visitas e do quadro de saúde do patriarca.

A vida dela mudou drasticamente. Antes morava sozinha, agora vivia em uma casa movimentada, com um entra e sai muito grande, e, o que é pior, passou a ouvir piadas dos parentes. Principalmente do irmão mais velho, que se sentia no direito de criticar a irmã por "só estudar". Não perdia a oportunidade de soltar uma gracinha, de perguntar "por que ela ainda não tinha passado".

Trago aqui uma situação real, que aconteceu no meu grupo de alunos. Agora eu te pergunto: dentre os problemas apresentados, onde se encontrariam os estudos? Não vejo como tratar como problema algo que mudará para melhor a vida dela. É claro que as condições mudaram, estão agora desfavoráveis, mas estudar ainda é a solução para ela arrumar um emprego, garantir uma independência financeira, poder morar fora, ajudar o seu pai doente e manter a devida distância dos parentes que não estão nem aí para ela, só pensam em criticar. Será que esse tipo de crítica é construtiva? Será que existe crítica construtiva?

Percebam que estudar não faz parte do problema, nunca foi problema para ninguém. Para quem estuda, por exemplo, se está com um problema, estuda para sair do problema. Tente sempre encontrar a melhor saída para o problema. Foque sempre na solução. Ah, professor, então o senhor está me dizendo que só estuda quem tem problema? Claro que não! Muitas pessoas estudam por motivos mais nobres, conheço gente que nunca teve um problema para resolver. Que nasceu em berço de ouro. Mesmo assim, para garantir a sua independência, que era a sua necessidade, correu atrás e conseguiu a aprovação.

À medida que a gente cresce na vida, as nossas necessidades tendem a se relacionar cada vez menos com problemas básicos, como fome, falta de grana, falta de moradia etc. Aqui, cabe relacionar esse ponto à famosa Pirâmide de Maslow (ou hierarquia das necessidades de Maslow), conceito criado na década de 1950 pelo psicólogo norte-americano Abraham H. Maslow. Segundo o trabalho do autor, as necessidades humanas devem obedecer a uma ordem de satisfação, uma espécie de pirâmide, em que o mais básico está na base e o mais supérfluo no topo, a saber:

Nesse caso, as Necessidades Fisiológicas estão ligadas a fome, sede, abrigo etc.; as Necessidades de Segurança se relacionam com emprego, saúde, propriedade privada, saúde etc.; as Necessidades de Relacionamento dizem respeito a questões como amizade, intimidade sexual, aceitação entre os pares etc.; as Necessidades de Estima dizem respeito a autoestima, confiança, reconhecimento, respeito da sociedade etc.; e as Necessidades de Realização Pessoal, no topo da pirâmide, se relacionam a moralidade, valores éticos, criatividade, controle emocional e autoconhecimento. Enfim, o intuito aqui não é pormenorizar essa teoria, mas fazer você perceber que os problemas vão variando conforme algumas necessidades forem sendo satisfeitas. E essas necessidades são responsáveis por ligar o nosso motor de partida (motivação), que, a depender das nossas ações, podem ser satisfeitas/resolvidas de formas distintas. Na minha vida, por exemplo, quase 100% das minhas necessidades foram resolvidas de um só modo: por meio da educação, do estudo, da bunda na cadeira. É assim até hoje!

Independentemente do lugar em que você estiver nessa pirâmide, os estudos podem ser a solução para a satisfação das suas necessidades. Portanto, se você conseguiu identificar as suas necessidades atuais e relacioná-las às possíveis soluções (exercícios do tópico passado), ou seja, você já sabe o que é preciso fazer, falta apenas definir as suas metas e objetivos. Depois de concluídas essas etapas é que poderemos seguir para as fases de execução (o agir) e controle (autoavaliação):

Você já traçou as suas metas? Onde você quer estar daqui a cinco anos? Ou daqui a seis meses, por exemplo? Precisamos saber aonde queremos ir para traçar as nossas metas e escolher quais caminhos seguir. Afinal, se você não sabe para onde vai, qualquer caminho servirá, não é?

Vamos lá, vou te ajudar a traçar os seus caminhos, as suas metas. Para isso, precisamos saber quais são seus objetivos. Escreva a seguir como/onde você quer estar:

A – daqui a seis meses:

B – daqui a um ano:

C – daqui a dois anos:

D – daqui a cinco anos:

E – daqui a dez anos:

____

____

____

____

____

Escreveu? Pensou direitinho e com responsabilidade? Não viaje na maionese, ok? Aqui não é o lugar para delírios, pense em coisas atingíveis, assim você evita frustração. Precisamos ser sempre realistas, pé no chão. Claro, sem perder a fé de que coisas maiores podem acontecer. Eu, por exemplo, estou hoje numa situação muito boa, melhor do que o melhor dos meus planos. Esse é um ponto muito importante, amigo concurseiro. Você é o protagonista dessa única vida que possui. Se você escreveu tudo pensando com seriedade, vamos ao próximo passo. Caso ainda não tenha conseguido escrever, pense mais um pouco e só siga adiante quando terminar a tarefa (risos).

Depois de escrever seus objetivos, vamos agora traçar as metas para executá-los. Apenas para dar um exemplo, eu, aos 16 anos de idade, tinha como objetivo ser militar assim que concluísse o ensino médio. Para isso, estabeleci metas de estudo semanais, com carga horária de 20 horas líquidas, inicialmente. Veja que o objetivo é aonde eu quero chegar, as metas se relacionam à estratégia que eu vou usar, aquilo que eu devo fazer, as etapas, meu *modus operandi*.

A seguir, quero que você detalhe para o seu primeiro objetivo (daqui a seis meses) cada meta, o prazo de realização e as estratégias que irá utilizar para alcançá-lo.

META	PRAZO	ESTRATÉGIA DE AÇÃO

Para facilitar o preenchimento desse quadro, trago o exemplo real de um aluno meu que está estudando para a área fiscal. Como trabalho sempre visando ao longo prazo, pensando sempre de forma ampla, oriento os meus alunos que, inicialmente, eles trabalhem com vistas a ganhar bagagem na área para a qual eles estão se preparando. Nesse sentido, procuro dividir a preparação em etapas: primeiro eles devem buscar aprender as disciplinas básicas, que compõem o núcleo duro de disciplinas; depois disso, devem incluir no ciclo disciplinas que, mesmo não compondo o núcleo duro, sejam complexas demais para serem vistas num pós-edital, por isso eles devem se precaver, estudando um pouco agora; e, a depender do nível do alunos, proponho outras alternativas de estudo.

Veja que esse aluno possui uma meta bastante clara a atingir, que no seu caso poderia ser o objetivo daqui a seis meses: "buscar aprender as disciplinas básicas, que compõem o núcleo duro de disciplinas". Perceba a importância de se ter uma meta como essa. Assim fica muito mais fácil controlar o seu desempenho, avaliar a sua evolução. Com o objetivo definido, o aluno agora passa a identificar as metas que deve bater, tais como: estudar 36 horas semanais; resolver 500 questões por semana; buscar os 90% de acerto; ler, em média, 20 páginas por hora etc.

Definidas as metas, você precisa visualizá-las todos os dias para ajudar a mantê-lo ainda mais motivado. Para isso, é interessante que você, se quiser, faça um mural com tudo aquilo que precisa realizar e o pendure em alguma parede. Esse mural funcionará como um resumo visual daqui que você deve a si mesmo. Faça coisas simples, sem firula. Na preparação para concursos, muitas vezes "menos é mais". A intenção dessas ferramentas (o mural, por exemplo) é chamar a sua atenção para o que deve ser feito. O que vai te dar o gatilho para as outras informações descritas por você neste livro.

Se quiser fazer um pequeno mural também no livro, use o espaço em branco a seguir para você.

O poder do autoconhecimento

Tudo o que vimos até aqui é de suma importância para o seu crescimento pessoal e, consequentemente, profissional. Essa vida que você escolheu, de ser concurseiro, é árdua e com poucas recompensas antes da aprovação. Falo isso não para te desanimar, mas sim para te deixar um pouco mais perto da realidade.

Alguns perfis nas redes sociais acabam mostrando uma realidade um pouco deturpada das coisas. O que mais se vê hoje em dia são blogs e perfis no Instagram como personagens felizes, sempre bem-vestidos, que usam canetas caríssimas, fazem fichas perfeitamente acabadas e passam o dia postando a sua rotina perfeita. Me lembram muito os comerciais de margarina da década de 1990. Será que as coisas são realmente daquele jeito? É claro que não! Como uma rotina de isolamento pode ser tão colorida assim? Não se engane. Não estou aqui querendo ser apocalíptico, mas às vezes a galera exagera.

Estudar para concursos não é uma tortura, claro que não, mas também não vejo nada de divertido nisso, apesar de eu sempre ter gostado de estudar. Em alguns momentos era desgastante. A gente come demais (estressado), fica muito tempo calado. As costas doem, devido ao tempo sentado. Quando saímos com alguém, não temos outro assunto. Não assistimos a jornais, ou seja, estamos sempre desatualizados. Enfim, é uma atividade insalubre. Em época de provas, então, nem se fala. Alta tensão, nervosismo, medo de não lembrar de nada. Tudo é muito intenso.

Por esse motivo, devemos tentar manter ao máximo o equilíbrio. É fundamental sempre recordar de onde saímos e para onde queremos ir. Relembrar o sentido de tudo isso que estamos vivendo. Precisamos estar sempre ligados àquilo que somos, porque fazemos o que fazemos e, por isso, é tão importante ter autoconhecimento. Você precisa se conhecer, se respeitar. Conhecer e respeitar os seus limites.

Além disso, surge a questão da cobrança. Você se cobra muito para ficar acordado e estudar o máximo que puder (com isso, acaba perdendo qualidade no estudo, como vimos anteriormente), imagina seus concorrentes, enfim, acaba se estressando por bobagem. Se comparar a outras pessoas é inevitável. Sempre tem aquele momento em que você se pergunta: "será que isso é pra mim?". Geralmente isso ocorre quando vemos alguém próximo sendo aprovado, uma pessoa que você conhece, que sabe o que ele fez e o que não fez para merecer isso. Comparar-se é algo intrínseco ao ser humano. É aquela velha história do gramado do vizinho.

Já falamos sobre isso neste livro. A comparação com os concorrentes é algo que deve ser evitado. Não faça isso! A concorrência está dentro de você. Você é o seu concorrente, são suas ações que te tornarão vencedor, não as dos outros. Eu mesmo tinha uma postura diferente sobre isso. Para evitar comparações, eu inventava indicadores internos, que só dependiam de mim. Eu criava metas objetivas para cada concurso, como, por exemplo, ficar dentro da faixa de 1% dos primeiros colocados. Eu sabia que essa galera que chegava "quase lá" era sempre a mesma. Eu via isso ao fazer algumas provas. Rostos comuns, gente que eu já tinha visto.

Lembro que vi em algum lugar alguém dizendo que a concorrência real estava nos 5% de pessoas da amostra. Ou seja, de 1.000 inscritos, apenas 50 realmente haviam estudado. Foi então que eu criei a minha meta. Eu pensei: 5% realmente estudam, mas apenas 1% vão brigar efetivamente por uma vaga. Isso representava 10 pessoas numa amostra de 1.000 inscritos. Geralmente os concursos que eu fazia tinham de 3 a 5 vagas. Por isso eu acreditava que, se eu conseguisse ficar sempre nessa faixa de 1% dos primeiros colocados (os 10 primeiros), em três concursos, me mantendo nesse grupo seleto, eu conseguiria uma vaga, considerando que os aprovados só escolherão uma vaga para assumir. É como uma dança das cadeiras.

Você quer saber se essa minha análise tem algum amparo científico? Claro que não. É apenas sabedoria prática. Partiu daquilo que eu via. E segui com fé. Reconheço que isso me ajudou muito, já que eu praticamente só olhava para o meu desempenho. Não estava nem aí para a concorrência. Um estresse a menos na minha vida de concurseiro. Deu certo para mim!

Veja que você precisa reconhecer as suas qualidades e os seus limites, sem deixar de lado questões sensíveis, mas fundamentais, como o reconhecimento da sua mediocridade. "Como assim, Rafael? Eu sou uma pessoa medíocre?". Eu te respondo: a maioria é.

Sabe o que o dicionário fala sobre mediocridade? Medíocre é aquilo que é de qualidade média, comum, mediano. Isto é, todos nós, de forma geral, estamos ou já estivemos na média. A não ser aqueles que já nasceram fora dela, os gênios. Dessa forma, quando você reconhece a sua mediocridade, você consegue ir além do que pensa que pode. É o tapa na cara que você dá em si mesmo. Quem se acha acima da média dificilmente se esforçará, visto que ele já "se acha".

Por exemplo, eu sempre me considerei bom em contabilidade. Saí da faculdade quase me achando um doutor doutrinador da Ciência Contábil. Era esquisito. Eu tinha dificuldade de encontrar um bom material. Julgava todos ruins, tudo mais do mesmo. No entanto, na primeira prova que eu fiz, a minha nota em contabilidade foi terrível. Eu tinha dificuldade de ler a questão, de entender o português. Não entendia quase nada do que estava sendo pedido. Era realmente muito diferente da contabilidade que eu aprendi na Universidade de Brasília.

Por outro lado, durante a faculdade, sempre tive muita vontade de aprender economia. O meu orientador era um brilhante economista. Aquilo me encantava. Cheguei a pensar que faria uma segunda faculdade, só para estudar economia. O interesse que eu tinha por essa disciplina era proporcional à dificuldade que eu sentia para entender os conceitos econômicos. Eu saí da faculdade sabendo que eu era "mais ou menos". Por esse motivo, quando estava estudando para concursos, sempre me dedicava mais ao estudo de economia. Eu assistia às videoaulas com muita atenção, lia livros, fazia várias questões. Cheguei ao ponto de incluir economia em todos os dias do meu ciclo. Dedicação total. Afinal, sabia que era fraco naquilo.

Resumindo a história, como eu me achava o suprassumo na contabilidade, gastei pouca energia com ela no início dos meus estudos. Já com economia foi diferente. Por saber que eu tinha limitações, me dediquei bastante a essa disciplina, o que me deixou, num curto espaço de tempo, mais bem preparado em economia do que em contabilidade. Veja que incrível. Esse é o poder do "só sei que nada sei".

É dessa forma de agir e analisar as suas habilidades e do reconhecimento dessa mediocridade que estou falando. Reconhecer os pontos que você pode melhorar de modo prático e saudável. Se você não conseguir se achar medíocre, por orgulho ou falta de senso crítico, você terá sérios problemas. Aquele que não consegue se achar medíocre, se acha foda, dificilmente correrá atrás da excelência. "Se achar" demais levará você a caminhos obtusos, limitará as suas ações. Será um obstáculo a mais no seu crescimento.

Entenda uma coisa: você está na caminhada, ainda está crescendo. Preocupe-se em ser foda no agir, busque a excelência, com ações práticas e rápidas, reconhecendo os pontos que você pode melhorar e fazer acontecer. Isso sem aquela cobrança nada saudável de estudar feito um louco ou pensar no seu concorrente.

Há uma diferença muito grande em "se achar foda" e "agir de forma foda". O primeiro tipo diz respeito à pessoa, é uma qualidade que alguns pensam que têm. Não é legal esse tipo de postura. É isso que temos que combater. No entanto, "agir de forma foda" é louvável. Mostra que você está focado, tem zelo, quer de verdade mudar de vida. Não está para brincadeira. Algumas pessoas podem até confundir essa atitude com arrogância ou prepotência, mas não tem nada a ver. Quando eu digo que eu agia de forma foda, me refiro à dedicação que eu dava aos estudos. Era um concurseiro raiz. Não tinha moleza comigo.

Martelando mais uma vez na sua cabeça. Quando você se acha foda, você acaba estagnando e limitando o seu crescimento e, com isso, pode acabar ficando no meio do caminho. Haverá sempre um aspecto seu, meu, de quem quer que seja, que poderá ser melhorado. Sempre. O importante é agir e não ficar se gabando.

Alguns concurseiros "ditos extraordinários", aqueles que passaram em concursos estudando apenas três meses, "do zero" (como se eles nunca tivessem tido contato com português ou matemática antes na vida, por exemplo), acabaram criando um estereótipo de estudante que não existe. Verdadeiras máquinas de aprovação, vendem produtos milagrosos, fazendo crer que existe uma fórmula mágica que transformaria qualquer concurseiro em um ser extraordinário. Mas isso não existe. Essa onda de concurseiros que se acham foda e vendem "o segredo do sucesso nos concursos" acabou banalizando a palavra "extraordinário". É até contraditório. Se todo mundo agora é extraordinário, então o comum é ser acima da média. Ou seja, o que é comum compõe a média. Ser "extraordinário", hoje, é ser medíocre. Enfim, as pessoas que passam em concursos são pessoas comuns. Não têm nada de anormal. A diferença está no foco, na persistência. É o trabalho contínuo. É ser foda no agir, dia a dia.

Para mim, estuda quem precisa. Quem não precisa, vai se divertir. Ou seja, é obrigação de quem precisa "fazer por onde" conseguir o que deseja. Eu sou *coach*, sou um treinador, não alguém que fica só aplaudindo aluno. Não vejo sentido nisso. Eu não vou fazer ninguém se achar fazendo uma gama de elogios melosos ou fomentando a banalização do adjetivo extraordinário. Meu trabalho é fazer o aluno reconhecer a sua mediocridade e crescer profissionalmente com isso. Aqui é o mundo real.

Sou firme e sincero para dizer a qualquer aluno que ele ainda não está preparado e que precisa melhorar em algum ponto, se for o caso. Sou duro nas palavras, mas sempre buscando mostrar as saídas para os diversos problemas com os quais ele se depara, todos os dias, enquanto estuda. A confiança é essencial para a aprovação, mas ela precisa estar aliada aos estudos, do contrário, vira alienação. Não adianta eu fazer o cara se sentir foda e, no fim, ele não passar em nada. Um concurseiro motivado que não estuda é apenas um ser que está se preparando para reprovar com um sorriso no rosto. Você precisa estudar de verdade, confiar em si, e não ficar se gabando para os outros.

Eu mesmo sempre me comportei como um estudante "na média", sempre me enxerguei medíocre. Acredito que foi por isso que eu sempre busquei conseguir (e consegui) as coisas na minha vida e ainda busco até hoje. Eu ainda me considero na média. Eu tenho os meus pés no chão, estou sempre buscando melhorar.

Então, agora que você já aprendeu/foi orientado a reconhecer sua mediocridade, descreva a seguir os seus pontos fortes (sem falsa modéstia, por favor) e os seus pontos fracos (aquilo que te põe na média ou abaixo dela). Seja sincero com você mesmo, do contrário, de nada adiantará essa atividade.

PONTOS FORTES	PONTOS FRACOS

Não foi difícil, não é? Faça um quadro com esses pontos fortes e fracos e afixe em algum lugar que você olha com frequência, assim você estará sempre atento ao que precisa melhorar, a que precisa dedicar mais energia. O autoconhecimento é uma ferramenta poderosa para o sucesso.

Por fim, quando você passar em um concurso, não fique se achando o cara. Você não será a última bolacha do pacote. Conheço pessoas que passaram em concursos medianos e largaram o cargo depois, apostando que passariam em outro melhor. Até hoje essas pessoas não entraram em outro órgão, acabaram se perdendo no caminho. A ideia é valorizar as conquistas e continuar buscando o crescimento. A escada do sucesso, para aqueles que buscam sempre a excelência, não tem fim.

O sucesso um dia chega

Hoje eu posso dizer que me considero uma pessoa de sucesso, alcancei o meu tão sonhado objetivo, que era ser auditor fiscal. Como disse antes aqui, tive uma infância e uma adolescência difíceis financeiramente e isso me ajudou a saber aquilo que eu NÃO queria para a minha vida futura. Em um primeiro momento, a ideia de ter uma vida financeira boa (em que as necessidades básicas fossem atendidas) foi suficiente para iniciar a minha jornada. Foi com essa primeira motivação que tudo começou. A partir dessa necessidade primeira, fui subindo degrau por degrau dessa longa escada até chegar aonde queria.

Aos 30 anos fui nomeado Auditor Fiscal na Secretaria da Fazenda de Pernambuco depois de ter passado em diversos concursos. Hoje tenho dois filhos lindos, uma esposa incrível e condição financeira para fazer o que eu tenho vontade (vontades normais, tá? Tem muita coisa que eu ainda não posso ter vontade ainda hahaha). Posso colocar meus filhos na escola que eu quiser, viajar para onde eu estiver com vontade etc. Vocês já conhecem minha trajetória. Foi difícil, mas valeu apena. Atingi o meu sucesso. Como diria Chorão, da banda Charlie Brown Jr., "Sou o que sou, sei porque sou, aonde estou e o que quero, sei com quem devo estar, e o que da vida espero".

Eu quero que você perceba que todo mundo pode sair do zero e atingir o sucesso. Cada um tem o próprio zero e o próprio sucesso a ser alcançado. O meu zero foi a minha condição financeira difícil, ela foi o meu combustível motivacional para buscar uma vida melhor. O meu sucesso era atingir meu grande objetivo, que era ser Auditor Fiscal. Qual é o seu zero? Como está a sua caminhada? Está perto ou longe do seu sucesso?

O mais importante nessa caminhada não é aquilo que você faz para obter sucesso, ou o seu comportamento após as pequenas vitórias (lembrando que a nossa vida não é como uma mega-sena, em que alcançamos tudo de uma hora para outra, construímos nossas vitórias aos poucos), é saber aonde você quer chegar e lidar da melhor forma possível com o fracasso. O que vai fazer de você uma pessoa vitoriosa ou não lá na frente é a forma como você se comporta diante do fracasso.

Ficar se vitimizando está fora de questão. Nada de cultivar o problema e fazer dele uma desculpa para não realizar outros objetivos importantes. Isso te levará para o caminho que está super na moda, o da "vitimização". Você será mais um vitimista, que passará a vida se lamentando no lugar de agir e buscar uma solução. Você colocará toda a culpa do seu fracasso naquele problema com o qual você não soube lidar. Mas, no futuro, perceberá que a culpa nunca é do problema. Problemas existem para todo mundo. A diferença entre uma pessoa de sucesso e um fracassado é justamente o trato que cada um dá aos problemas.

Nunca fique preso ao fracasso, isso não irá adiantar em nada. Você se lembra do meu primeiro fracasso? Eu tinha 14 anos e me preparei para o concurso preparatório de cadete para a Aeronáutica e, quando cheguei para fazer a prova, não tinha levado o documento de identidade. Não passei nem do portão, mandaram voltar para casa. Eu estava muito bem preparado, mas não observei as regras previstas no edital. Fracassei. Eu fiquei com muita raiva, claro, mas isso não me tirou do foco de continuar tentando. Pensei: não passei nessa, mas passo na próxima. E passei, dois anos depois estava no Exército.

Um fracasso acaba sendo uma oportunidade para seguir adiante e tomar outro rumo, ou, simplesmente, uma oportunidade para você se reinventar. Nada vem de graça, nem espere por isso. Aprenda a tirar proveito de todos os fracassos. Afinal, na maioria das vezes a gente erra mais do que acerta, aprenda com os erros, esse é um ponto crucial para você alcançar o sucesso.

Um dia eu estava conversando com o meu avô Barbosa e perguntei por que ele achava que as coisas "aconteciam" para mim? Ele pensou por um momento e me respondeu: "é a sua forma de encarar a dificuldade, a sua persistência, a sua força de vontade". Ele me conhece, já morei com ele quando criança. Com certeza tem razão no que fala. Observo algumas pessoas de sucesso e vejo essas características nelas também. Por isso acho que meu avô tem razão.

Gostaria apenas de deixar claro que eu ainda estou na luta, dou o meu exemplo por motivos óbvios, mas com certeza ainda tenho muitas coisas para conquistar. Não estou mais "do zero", graças a Deus, mas hoje tenho outros objetivos na vida. E tenho certeza de que irei alcançá-los.

Portanto, aprendi que para sair do zero e chegar ao sucesso é preciso saber lidar com o fracasso. O seu agir tem que ser "guiado" pelo fracasso e não pela vitória. Precisamos ser reativos. É saber identificar onde errou e traçar uma nova estratégia, sempre. Portanto, defina o seu objetivo e foque todas as suas ações para o seu alcance, para o seu sucesso. Mas siga sempre alerta aos resultados das suas ações, essa é a etapa de controle que apresentamos no tópico anterior, é o momento de ajustar as coisas. De corrigir desvios.

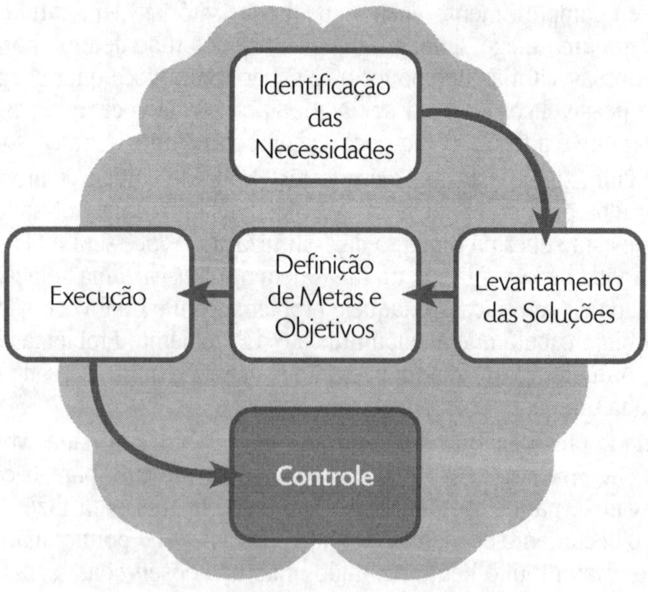

Para praticar um pouco, faça o seguinte: escreva uma história real, que aconteceu na sua vida, a qual você conseguiu resolver fazendo o seu melhor. Isto é, lembre-se de um fracasso que você teve e escreva contando aqui qual foi a estratégia usada para resolver o problema (em vez de ficar se vitimizando). Nessa história, identifique as necessidades, conte-nos quais soluções você levantou para supri-las, apresente as metas e objetivos traçados, as ações que você tomou e, por fim, diante do fracasso, quais foram as suas medidas de controle.

Acredito que você tenha tido um pouco de dificuldade em identificar essas etapas, mas não deixe de fazer o exercício por isso. A partir de hoje, quando você estiver iniciando um projeto, tente identificar cada uma dessas etapas. Escreva em um mural ou em um caderno. Organize as suas ações. Não se surpreenda se, no começo, você só tiver fracassos, é normal. Por isso devemos aprender a lidar com eles.

"O sucesso é ir de fracasso em fracasso sem perder entusiasmo."

Winston Churchill

Equilíbrio

As coisas não acontecem do dia para a noite, não existe mágica. Paciência e estratégia caem muito bem quando o assunto é "ser aprovado", são fundamentais. Digamos que, para o nosso livro, estar "no zero" é não ter aprovação nenhuma e "sucesso" é passar no concurso dos sonhos. Ok? É muito importante definir esses conceitos. Portanto, para sair do nosso zero e chegar ao nosso sucesso, precisamos ter saúde mental e física, já que demandará de nós certo tempo de trabalho intenso. Quando alinhamos nossa mente ao corpo, tudo flui com mais clareza e facilidade. Estudar para concurso requer muito esforço, tanto físico quanto mental, você com certeza já sabe disso. É exaustivo ficar sentado na mesma posição por horas, além do grande volume de conteúdo, forçando nosso cérebro a interpretar um turbilhão de informações. Nosso corpo trabalha incansavelmente para manter tudo em harmonia, qualquer desequilíbrio pode dar uma brecha para a doença.

Daí você deve estar se perguntando: como faço para manter meu corpo em equilíbrio? É simples. Basta fortalecer o seu sistema imunológico. Além de uma alimentação saudável e exercício físico (não só de estudo vive o corpo, você precisa se movimentar), alimentar o sistema imunológico por meio de pensamentos positivos e exercícios físicos é uma das melhores alternativas para se manter saudável. Perceba que temos duas frentes a atacar: precisamos alimentar a mente com pensamentos positivos e o corpo com atividade física.

Quando você alimenta sua mente de pensamentos positivos, a hipófise, glândula localizada no nosso cérebro, libera endorfina para o nosso corpo, que é o hormônio do bem-estar (do prazer). A endorfina tem ação analgésica e ajuda no combate ao estresse. Sabemos que combater o estresse é tudo o que um concurseiro mais precisa. Para o corpo, procure logo se inscrever em uma academia ou passe a praticar algum esporte. Você irá sentir a diferença em pouco tempo. Como vimos, pensamentos positivos farão o seu corpo agir beneficamente, combatendo qualquer mal-estar. A mente precisa estar em sintonia com o corpo para que estejamos bem. Já diz o ditado: mente sã, corpo são.

Portanto, organize agora seus pensamentos. Afaste toda a negatividade. Nada de ficar pensando "não vou conseguir", "e se eu não conseguir passar?", "esse conteúdo é muito difícil", e por aí vai. Isso não vai ajudar em nada para que seu cérebro, por meio da hipófise, libere endorfina, ocitocina, entre outros hormônios do bem-estar. Precisamos eliminar esses pensamentos da sua cabeça. Faça o seguinte: para cada pensamento negativo que vier à sua mente, afaste-o com um pensamento positivo. Comece praticando um pouco agora. Lembre-se de alguns pensamentos de autossabotagem e, imediatamente, substitua-os por um positivo. Faça isso na tabela a seguir. (Já trabalhamos com alguns pensamentos positivos no início deste capítulo, o que deve facilitar esta atividade.)

PENSAMENTO NEGATIVO	PENSAMENTO POSITIVO

Viu como não é difícil?! Tome isso como uma atividade rotineira, você irá notar uma diferença positiva em seu corpo e em sua vida.

PARTE III

ESTUDE DE FORMA EFICIENTE

A conta-gotas

Todo concurseiro, em algum momento da preparação, enfrentará dificuldades para estudar, que podem ser financeiras, como foi comigo no início da jornada, ou podem ser decorrentes de problemas de organização com os estudos, pela falta de um lugar silencioso, por não ter uma cadeira adequada, por não usar um material de qualidade etc. Entretanto, como eu disse antes, a dificuldade só existe para quem aceita (internaliza); quem realmente quer algo, não foca na dificuldade, mas sim na solução.

É importante que você enxergue os estudos como "a solução" para os seus problemas. Dessa forma, você evita confundir a preparação com algo que te atrapalha. Algumas pessoas acabam se perdendo com isso, porque pensam que os estudos é que estão trazendo problemas para a sua vida, quando, na verdade, os problemas reais independem de elas estarem ou não estudando. Preste muito atenção aqui. Quando estiver envolvido na resolução de um problema, trate os estudos como parte da solução, mesmo que indiretamente.

Um dos principais desafios que um concurseiro pode enfrentar, talvez o maior deles, é conseguir estudar a quantidade de disciplinas apresentadas no edital. O volume é, sem dúvida, algo que assusta muita gente. São muitas as matérias, cada uma com dezenas de aulas, e todas terão que ser estudadas com qualidade. E essa não é uma tarefa tão fácil. É preciso organização na hora do estudo, e nem todo mundo consegue fazer isso. Muita gente se perde e fica voltando ao início do curso, por insegurança (acha que nunca está aprendendo nada) ou por pura desorganização mesmo. Um concurso para a área fiscal, por exemplo, apresenta cerca de dezoito disciplinas diferentes, como estudar tudo isso e ainda lembrar no dia da prova?

Estudar com qualidade requer organização. Um concurso com muitas disciplinas exige que você, concurseiro, faça um rodízio entre as matérias. Ponha logo uma coisa na sua cabeça, você não precisa estudar todas as disciplinas ao mesmo tempo. Algumas disciplinas devem ser estudadas antes de outras, de modo que você consiga formar uma boa base de conhecimento. O rodízio entre as matérias que propomos aqui deve contar com uma organização de tempo para estudo da teoria, para a resolução de questões e para as revisões sistemáticas que permita que você armazene bem os assuntos estudados, conseguindo realizar a prova com todo o conteúdo ainda recente na sua mente (mesmo que não seja recente o estudo, a organização tornará seu conhecimento acessível). É isso que vai fazer você passar. Na prova, na hora do "vamo ver", mais vale o que a gente lembra, e não o quanto sabemos.

Demorei um tempo até perceber que eu precisava ter uma espécie de "gotejamento" de assuntos e disciplinas, algo que fosse acrescentando aos poucos o que era importante em cada disciplina, concorrentemente. Mas você, que está lendo este livro, é uma pessoa de sorte, pois te direi como organizar toda essa estrutura de estudos e você deixará de ser um concurseiro para se tornar um concursado o mais rápido possível.

Algumas pessoas podem se perguntar, ao lerem este capítulo, "se eu não estudar todas as disciplinas de uma vez, quando vou concluir o edital?". Pois é, ouço essa pergunta o tempo inteiro, e a minha resposta é sempre a mesma: "se a sua capacidade de leitura e velocidade de resolução de questões se mantiverem constantes, a conclusão das disciplinas de um edital (quando batemos um edital) dependerá apenas do tempo líquido que você dedicará ao projeto. Não há nenhuma relação com a divisão das disciplinas dentro da sua meta". Calma, eu vou explicar.

Suponhamos que você tenha 6 disciplinas para estudar (A, B, C, D, E e F), cada uma com 1.000 páginas a serem lidas no curso completo em PDF, o que dá um total de 6.000 páginas a serem lidas. Se você consegue ler 10 páginas por hora, então precisará de 600 horas de estudo para ler tudo. Se você consegue estudar 30 horas por semana (300 páginas por semana), conseguirá bater esse edital em 20 semanas. Tudo certo até aqui? Pois bem, se você começar pela disciplina A e for estudando as demais, uma por vez, em ordem alfabética, terá 6.000 páginas para ler. Se você resolver estudar em ciclos, mudando de disciplina sempre que alcança a página 100 de cada curso, terá, ao todo, 6.000 páginas para ler. Agora, se você resolver estudar todas ao mesmo tempo, lendo 50 páginas de cada disciplina por semana, ainda assim você terá 6.000 páginas para ler.

Percebeu como a forma como você estuda não altera o volume de páginas que você tem que ler? Esse fato nos traz duas conclusões que são muito úteis no combate à ansiedade (isso se você as aceitar como verdades absolutas):

1. Se você quiser chegar rapidamente a algum lugar e não tiver como ser mais rápido, saia mais cedo de cada;
2. O tempo que você levará para bater um edital não depende da sua pressa, mas sim da sua produtividade.

É por isso que você não deve se preocupar em ver todas as disciplinas ao mesmo tempo, já que o excesso de fragmentação do seu tempo de estudo (minutos que você passa estudando apenas uma matéria) pode atrapalhar o seu desenvolvimento nos assuntos, pois você contará com tempos curtos para as disciplinas do ciclo. O ideal é que você estude cada disciplina por 90 minutos, em média. A quantidade de disciplinas dependerá da sua carga horária diária. Mas não vamos adiantar mais coisas sobre esse assunto aqui, já que temos um capítulo para tratar exclusivamente sobre a organização das metas no Método 4.2 de Revisão. Vamos em frente!

Como estudar em casa – 7 dicas

Desde que o mundo é mundo o número 7 está sempre nos rodeando. Ele está na Bíblia, na mitologia, no misticismo. E muita gente vive afirmando por aí que Deus criou o mundo em sete dias, mas, na verdade, Ele agiu ainda mais rápido, em seis dias o mundo foi criado, o sétimo foi o dia de descanso.

E por que esse número abençoado não pode também fazer parte dos nossos estudos? Seguindo essa linha da sorte, trago nestas páginas 7 dicas sobre como estudar em casa com qualidade. Como vocês perceberam ao longo deste livro, eu sempre estudei em casa. Nunca fui muito fã de cursinhos, continuo achando uma perda de tempo.

O meu lar (e olhe que tive muitos) sempre foi o meu lugar preferido e estratégico para estudar, mas tive de criar algumas regras para poder dar conta de toda a demanda. Como o meu propósito aqui é ajudar você, vou te dar sete dicas infalíveis para facilitar sua vida durante essa jornada.

A *primeira* regra de ouro que você precisa aprender é organizar o lugar de estudo. Não precisa ter um cômodo da casa apenas para estudar, se tiver, melhor ainda, mas, caso não tenha, não tem problema. Eu mesmo não tinha um quarto de estudo, mas tinha sempre um cantinho que eu ocupava para estudar com constância.

Dessa forma, escolha um canto da casa que você mora que sirva para você, aquele que você ache mais confortável, ou menos barulhento etc. Pode ser a sala, a cozinha, o terraço... eu passei um tempo estudando em uma tábua de passar, era a minha tábua, era o meu lugar. Então, qualquer lugar serve, desde que ele seja "o seu lugar de estudar".

É importante ter um lugar fixo para estudar, é como se você estivesse se disciplinando, entrando na rotina. Todas as vezes que você for se dirigir para o lugar escolhido, seu cérebro irá relacionar o espaço com o hábito do estudo, fazendo você estudar com mais tranquilidade. Por exemplo, escolha sempre a mesma cadeira da sala, se este for o seu ambiente de estudo.

Mas, é claro, você tem que se ajudar. Quando estiver nesse local sagrado, nada de fazer ligações ao telefone, navegar a esmo na internet, resolver problemas domésticos, nada disso. Sentou naquele local, estude! Só assim você conseguirá criar o ambiente ideal para desenvolver o raciocínio, manter a concentração, enfim, estudar.

A *segunda* dica bastante importante é não falar para ninguém que você está estudando; quanto menos pessoas souberem, melhor. Fale apenas para os mais próximos, para seus pais, namorado ou namorada.

A ideia aqui é fugir de certas responsabilidades descabidas, como o dever de dar satisfação sempre que você tiver feito uma prova, o que é comum, já que a maioria das pessoas não consegue conter a curiosidade, nem espera o gabarito sair e já quer saber quando será a posse.

Outro ponto importante é que a discrição acaba te ajudando a evitar que algumas pessoas inconvenientes te atrapalhem quando você estiver na hora dos estudos. Pode ter certeza, sempre tem alguém que, sabendo que você está em casa, vai aparecer para te incomodar, seja para pedir um favor, para te chamar para sair etc. É como se você estivesse ali de bobeira, sem nada para fazer. Como se você fosse um desocupado.

Portanto, mantenha seus estudos com menos interferência possível; se você sair divulgando para os quatro cantos do mundo que está em casa estudando, aparecerá um monte de gente carente na sua porta, atrás da sua companhia. Lembre-se: durante essa jornada, é importante focar 100%.

Agora preste bastante atenção nessa *terceira* regrinha mágica para facilitar os estudos: AFASTE-SE DO CELULAR. Eu sei, pode parecer difícil (para algumas pessoas, eu diria até mesmo impossível), mas é apenas uma questão de hábito.

Os celulares "de hoje" atrapalham muito na hora da concentração, são muitas mensagens que chegam ao aparelho e não tem quem não fique curioso para saber quem escreveu o quê. Além disso, as redes sociais são verdadeiros assassinos de produtividade. O *smartphone* é, sem dúvida, um dos maiores inimigos do concurseiro. Por isso, é preciso racionalizar o uso desse aparelho.

Na hora sagrada dos estudos, coloque esse aparelho em outro cômodo, desative a internet, deixe-o no modo avião, configure-o para receber apenas chamadas urgentes. Com tantos recursos *on-line* nos *smartphones*, receber ligação de alguém vale mais do que ganhar uma barra de ouro do Sílvio Santos. Então, pode ter certeza de que só vão te ligar se for algo muito importante mesmo.

Desativando as funções inteligentes do seu aparelho, você fica fora do mundo, então poder estudar com muito mais afinco e tranquilidade. Faça isso e você verá como ajudará a sua vida!

Outro ponto importante é estabelecer um horário definido para estudar, essa *quarta* dica é fundamental. Estudar requer rotina, nunca se esqueça disso. Não é porque você passa o dia inteiro em casa, por exemplo, que poderá escolher estudar à tarde um dia e à noite no outro, de forma aleatória. Especifique um turno, as horas dedicadas exclusivamente aos estudos, e cumpra seu horário.

Não adapte o estudo ao seu dia, adapte seu dia ao estudo. Você precisa fazer as atividades rotineiras sem atrapalhar os estudos, respeitando sempre o horário da labuta acadêmica. Isso pode até parecer óbvio, mas tem muita gente que faz tudo isso de forma contrária. Compromissos médicos, bancários etc., tudo isso deve ser feito nas horas livres, cumprindo regularmente o momento do estudo.

É como se você tivesse um trabalho comum numa empresa, onde você teria horário de entrada e saída, regras éticas e de comportamento, responsabilidades. A definição de horários fixos te ajudará a prever o "dia seguinte" (previsibilidade), que será fundamental para que você consiga estimar a data de cumprimento das suas metas de estudo. Isso tudo te ajudará a conter a ansiedade.

A *quinta* dica é manter contato com a galera que também estuda. Nas horas livres, vá nas redes sociais ou em plataformas de vídeo para acompanhar pessoas que estão nessa *vibe* de concurso. Pode ser um vídeo de um professor que você admira, de algum concurseiro que está na mesma que você, e por aí vai. Mas sempre vídeos curtos de, no máximo, dez minutos. Faça isso no seu horário de folga.

É como se você estivesse respirando depois de ter dado algumas braçadas em uma piscina. É o fôlego que você precisa para nadar mais um pouco. Além disso, essa observação serve como uma espécie de modelagem de pessoas que já alcançaram o mesmo objetivo/alvo que você almeja. Procure se inspirar em algumas pessoas que já chegaram lá. Se possível, identifique e coloque em prática algumas das ações que eles tomaram para conseguir a aprovação.

A *sexta* regra é se afastar das redes sociais no horário comercial, das 8:00 às 18:00. Essa regra tem alguma relação com a terceira, mas é mais abrangente. Isso porque a intenção aqui é te afastar das redes sociais em qualquer plataforma, nesses horários ditos "comerciais", mas que eu quero que você entenda como sendo "aquele horário que você deveria usar para os estudos".

Sendo assim, estabeleça horários para jogar tempo fora. Por exemplo, acesse as redes quando você acordar e/ou antes de dormir. Evite acessar esse tipo de conteúdo no meio dos estudos. Rede social é algo que consome demais o nosso tempo.

Às vezes, no meio dos estudos, você dá uma pausa para beber água ou ir ao banheiro e resolve dar uma olhada no *instagram* (erro mortal). Nessa hora, o concurseiro diz a ele mesmo "vou olhar só cinco minutos", e, quando percebe, passou meia hora. É como se abrissem um portal no tempo, capaz de desfiar totalmente o foco do concurseiro, tirando-o do caminho correto.

A pausa para beber água ou ir ao banheiro não é para ser usada como "momento de relaxamento", seja cauteloso. Se você relaxar demais nesse tempinho, pode perder um tempão até voltar à concentração. É como no dia da prova, use esse tempo apenas para fazer o que precisa ser feito. Deixe o corpo agir para resolver o problema e mantenha a mente nos seus PDFs.

Por fim, a *sétima* e última dica é fazer um planejamento semanal de estudo. Toda semana, elenque as disciplinas a serem estudadas na semana seguinte, o conteúdo a ser visto e a quantidade de questões a serem resolvidas. É por isso que é tão importante criar os seus ciclos de estudo ou metas semanais.

Não deixe que qualquer imprevisto durante a semana faça você alterar o curso dos seus estudos. Fazendo um plano de estudos semanal, você já começa a semana sabendo exatamente o que é e o que não é prioridade. Assim, definindo logo a prioridade (estudar), você pode alocar as demais atividades da semana sem prejudicar o andamento dos estudos.

É importante ressaltar que eu estou falando aqui de horário disponível, ok? O seu horário de trabalho, por exemplo, não tem como ser alterado (na maioria das vezes). Dessa forma, esse horário está disponível para você, já que é do seu emprego que você tira o dinheiro que precisa para se sustentar. Se você "só" estuda, tente tratar os seus horários de estudo como se fosse trabalho.

Fuja do improviso. Não faça planejamento diário, não vai funcionar. Você acabará perdendo muito tempo se tiver que parar todo dia para planejar o dia seguinte. Planejar os estudos semanalmente é o ideal. Dessa forma, use o sábado ou o domingo para fazer isso. Lembre-se do número 7, sete dias para o seu ciclo, sendo seis dias de estudo e um para descansar e planejar a semana seguinte. Deus pode ter um dia inteiro de descanso, você, não.

Fuja do pós-edital

Como eu disse antes: quem pode o mais, pode o menos. Estudar para um concurso grande, com quase vinte disciplinas, com certeza deixará você apto a passar em concursos menores, enquanto aquele concurso tão almejado não chega. Foi dessa forma que passei em todos os concursos que já mencionei até aqui, me preparando para ser auditor fiscal.

Mas preste bastante atenção! Você não ficará mudando de foco o tempo todo, apenas analisará as oportunidades que podem surgir enquanto está criando a sua base, que será feita a partir do estudo para o concurso "maior". A ideia é te tornar forte o suficiente, em termos de estudo, para avançar em editais cujas disciplinas estejam contidas no seu edital-base.

Foi assim que, estudando o edital do Tribunal de Contas da União – TCU, eu consegui passar em cinco concursos menores: Analista de Planejamento e Orçamento da Secretaria de Planejamento de Pernambuco, Analista de Gestão Administrativa da Secretaria de Administração de Pernambuco, Analista da Defensoria Pública da União – DPU, Analista do Ministério do Turismo e Analista Judiciário do Tribunal Regional do Trabalho da 21ª Região, por exemplo. Em todos eles fui nomeado ou convocado para participar do curso de formação.

Entenda bem, o que eu quero te dizer é que, estudando para concursos maiores, você pode perfeitamente "se arriscar" em alguns concursos menores. No entanto, quem estuda para um concurso pequeno e se arrisca para tentar um concurso grande, acaba não sendo aprovado em nenhum dos dois, pelo fato de o estudante ainda não ter adquirido a "bagagem" que só quem estuda para passar a longo prazo tem.

O concurseiro que estuda para concursos pequenos é justamente aquele que adora um pós-edital. O sujeito pega no material apenas quando o edital é divulgado, faltando muitas vezes uns dois meses para a prova. Aí você há de convir que é difícil passar assim. Por exemplo, sai o edital para a Polícia Militar e ele decide estudar por apenas três meses todas as disciplinas, a curto prazo, visando ser um PM. Não conseguirá passar, pois é um estudo apressado, na correria, para tentar ater o edital. Logo após, seguindo o exemplo, sai o edital do Corpo de Bombeiros e o sujeito faz o mesmo processo, não passando novamente (quis estudar todas as disciplinas de forma açodada). Perceba que o fulano do exemplo não consegue nem respirar; até consegue ver muita coisa, mas não absorve quase nada. Ele não compreende que está tentando "enxugar gelo". Ele vai estudando de concurso em concurso sem levar nenhuma bagagem, assim, nenhuma disciplina é estudada com qualidade. Ele pode até passar em algo, mas vai levar mais tempo até que passe em um cargo bom.

Nunca se esqueça disso: o concurseiro que estuda às pressas não consegue assimilar nada de um concurso para outro. Ele não terá nada para incrementar no próximo concurso, estará sempre correndo contra o tempo. Um concurseiro pós-edital é um concurseiro sempre zerado.

Aceite o fato de sermos limitados em termos de produtividade, velocidade de leitura, de resolução de questões etc. Além disso, não conseguimos "esticar" o tempo, é algo que independe de nós. Se você tem doze disciplinas a estudar em três meses (tempo máximo entre a publicação do edital e a prova), aceite uma coisa: você não tem como aprender tudo de uma vez; portanto, terá de aprender aos poucos.

Diante desse problema, eu fazia da seguinte forma: no primeiro concurso eu estudava três disciplinas com qualidade. No seguinte, eu já partia com três matérias bem estudadas e, a partir daí, estudava mais três; olha aí, já eram seis na bagagem. E assim por diante. Se eu precisava de doze disciplinas, nessa lógica, a partir do quarto concurso já teria bagagem para passar em qualquer um.

Foi exatamente assim que consegui passar nos dois primeiros concursos que relatei anteriormente, com apenas cinco meses de estudo: Analista de Planejamento da Seplag-PE e Analista de Gestão Administrativa da SAD-PE, hoje denominados Gestores Governamentais de Pernambuco. Veja, então, que é possível. Se eu consegui, mesmo trabalhando e fazendo faculdade, você também vai conseguir!

É preciso construir o conhecimento a longo prazo, sem querer bater o edital às pressas. Ninguém consegue bater um edital com qualidade em três meses, a não ser que este tenha apenas duas disciplinas. Eu conseguia bater editais porque ia incrementando as matérias. Eu não partia do zero. Quando o edital era publicado, a partir dos meus seis meses de estudo, eu geralmente já começava com 75% do edital visto.

Tem gente que passa dez anos estudando para um concurso na área fiscal para conseguir passar; com o meu "estudo incremental", em um ano e meio, depois que voltei a estudar (lembrando que eu parei um tempo quando assumi o cargo de Analista do TRT-RN), eu passei em cinco concursos para Auditor (CGE-CE, CGE-MA, TCE-BA, ISS-Recife e Sefaz-PE) tomando como edital-base o conteúdo programático da Sefaz-SP, que ocorreu no ano de 2013. Qual foi o segredo? Evitei correr no pós-edital e fui construindo a minha bagagem de forma incremental.

O que estudar primeiro?

Nunca é demais repetir, é importantíssimo que o candidato leia atentamente o edital do concurso para o qual está se preparando, sobretudo a parte relacionada à distribuição das questões da prova dentre as disciplinas previstas para aquele certame. Além disso, o concurseiro deve observar o peso de cada disciplina, calculando a quantidade de pontos que pode obter em cada matéria.

Parece brincadeira, mas tem gente que faz a inscrição para um concurso sabendo apenas salário, cargo e data da prova. O resto ele entrega na mão de Deus, deixando de observar detalhes que podem fazer toda a diferença na prova. Não deixe de ler todo o edital. Mesmo que você assista a algum vídeo sobre análise de edital, não deixe de ter contato com a íntegra do que foi publicado. Não custa nada, não vai cair a sua mão nem prejudicar as suas vistas, como diria o meu avô (risos).

O resultado dessa análise pode fazer você perceber que, eventualmente, nem todas as disciplinas têm importância. Na verdade, você pode até chegar à conclusão de que algumas disciplinas são irrelevantes (estatisticamente falando), o que pode até mesmo levá-lo a realizar uma prova deixando de estudar determinada disciplina.

Mas, Rafael, você está me dizendo que eu consigo passar em um concurso sem bater o edital? Teoricamente, sim. Sabemos que as notas de corte estão cada vez mais altas, acima dos 90% em alguns casos, mas o que eu estou tentando te dizer é que, em muitas situações, você consegue obter esses 90% de resultado estudando menos que 100% das disciplinas/assuntos, isso porque há uma concentração de questões em alguns deles.

É fácil de perceber essa concentração de questões em relação às disciplinas, visto que muitos editais já trazem isso em seu conteúdo, aqueles quadrinhos com a distribuição das questões e os pesos. Por isso é tão importante lê-los. Já a concentração das questões em relação aos assuntos dos editais, o que chamo de "grau de incidência dos assuntos", deve ser medida analisando-se uma amostra das questões da banca para cargos análogos aos que você pretende ser aprovado.

Com base nessa avaliação, e levando em conta tanto a concentração de questões em relação às disciplinas quanto a concentração de questões em relação aos assuntos do edital, você poderá analisar o custo-benefício de cada matéria do conteúdo programático.

Para clarear as ideias, vamos ver como poderíamos fazer esse tipo de análise com um exemplo prático, com base em uma tabela com a distribuição das questões dentre as disciplinas, apresentando os respectivos pesos:

MATÉRIA	QUANTIDADE DE QUESTÕES	PESO	TOTAL DE PONTOS
Português	20	2	40
Raciocínio Lógico	10	1	10
Tecnologia da Informação	10	1	10
Administração Pública	5	1	5
Auditoria	5	1	5
Direito Constitucional	15	2	30
Direito Administrativo	15	2	30
Direito Tributário	20	2	40
Total	100		170

Apenas analisando os dados acima, é possível perceber que as disciplinas Administração e Auditoria possuem um custo-benefício baixo para essa prova, já que as duas, somadas, representam apenas 5,88% dos pontos totais.

Dessa forma, se não houver quantidade mínima de pontos por disciplina, seria sensato avaliar a real necessidade de se estudar essas duas disciplinas (isso num cenário de escassez de tempo, comum na jornada de qualquer concurseiro).

Lembrando que são duas disciplinas complexas, uma marcada pelo excesso de normas (Auditoria) e outra pelo grande emaranhado de teorias (Administração Pública). Por isso, diante dos percentuais apresentados, talvez seja mais prudente se dedicar a outras disciplinas mais relevantes estatisticamente.

No outro extremo, estão as disciplinas Português e Direito Tributário, que, somadas, representam uma estimativa de 47,05% das questões possíveis da prova. Percebam o "abismo" de importância entre esses dois extremos. Isso mostra como é importante conhecer e analisar esses dados.

Mas não se prenda apenas aos números. Alguns fatores devem ser levados em consideração antes de se decidir investir mais energia em determinadas disciplinas ou, eventualmente, deixar alguma matéria de lado. É importante considerar a sua afinidade com cada disciplina analisada, o que ditará a velocidade dos seus estudos, e a quantidade de páginas (PDF ou livro) ou horas (videoaula) nos cursos específicos de cada disciplina, o que representa o volume do conteúdo a ser visto.

Observando os concursos atuais, vemos que estamos com notas de corte cada vez mais altas. Dessa forma, devemos garantir a máxima eficiência na prova, materializada no percentual geral de acerto em questões. Eu sempre falo para os meus alunos buscarem os 90% de acerto em casa, considero esse o percentual ideal para o treinamento.

Para realizar análises mais precisas sobre o custo-benefício de cada disciplina, é fundamental ter noção dos percentuais de incidência de cada assunto, saber a sua velocidade de leitura e também o seu nível de acerto em cada matéria, por meio do cálculo dos percentuais de acerto. É muito fácil obter essas informações. Vamos lá!

Calculando os percentuais de incidência

Os percentuais de incidência devem ser calculados tomando-se como base uma amostra significativa, exclusivamente composta por questões da banca que irá organizar o certame (ou a provável banca organizadora, se não estiver ainda definida), observada a escolaridade do cargo, de preferência, em períodos que não ultrapassem os últimos cinco anos, lembrando sempre de retirar da amostra as questões desatualizadas e anuladas.

De posse dessa amostra, é possível obter os percentuais de incidência dividindo a quantidade de questões encontradas para cada assunto pelo total de questões da amostra.

De posse desses dados, é interessante que você estude os assuntos em ordem decrescente do grau de incidência encontrado, isso se você já for um concurseiro intermediário ou avançado, que já bateu o edital pelo menos uma vez. Dessa forma, mesmo tendo que estudar disciplinas de baixo custo-benefício, você consegue minimizar o risco de se estudar algo irrelevante, que nunca caiu.

Calculando a sua velocidade de leitura

Medir a sua velocidade de leitura é muito importante, pois às vezes devemos calcular o tempo estimado de término da leitura de determinadas disciplinas, como Direito Penal e Direito Civil, do nosso exemplo. Essa avaliação deve ser feita ainda no momento de decidir se essas matérias devem ou não ser estudadas, tendo em vista o baixo custo-benefício.

No mesmo sentido, se você quiser eleger uma das duas disciplinas supramencionadas a ser estudada, a sua velocidade de leitura em cada uma delas será um fator decisivo nessa escolha.

Por isso é tão importante, durante a preparação, registrar a quantidade de páginas lidas em cada tempo de estudo. Lembrando que devem ser computadas as páginas líquidas, o que não inclui as questões e os comentários dentro do próprio texto ou outros acessórios contidos nas aulas.

Registre-se que a velocidade de leitura varia muito de disciplina para disciplina. Por isso, você deve manter o controle da quantidade de páginas de todas as disciplinas que constam na sua meta/ciclo.

Calculando o percentual de acerto em questões

Por fim, considerando a importância de se saber como você está em cada disciplina, na hora de "distribuir" energia e trabalho entre as disciplinas do edital, é importante que você registre os dados sobre a quantidade de questões respondidas e a quantidade de acertos, em cada assunto, de cada disciplina, por meta.

Dessa forma, a depender do custo-benefício de cada disciplina, você terá melhores condições de escolher onde deve alocar mais tempo durante os estudos. Por exemplo, sabendo que Português e Direito Tributário são as duas disciplinas mais importantes na nossa amostra (cada uma delas representa 40 pontos possíveis na prova), você deve dedicar mais tempo àquela em que possui menor percentual de acerto em questões, levando em conta a sua média histórica. Isso porque, sabendo que é uma disciplina importante e que você está mal nela, é preciso reagir, ou dificilmente você conseguirá chegar entre os primeiros lugares.

Ah, Rafael, mas quem disse que eu quero ficar entre os primeiros lugares? Veja bem, jovem. Você não pode pensar assim. O resultado em casa é quase sempre melhor do que no dia da prova. Sendo assim, mire nas estrelas. Assim você fica com alguma margem. O intuito é passar nas vagas, o primeiro e o último da lista da nomeação receberão o mesmo salário.

Em resumo, percebemos a importância de se calcular o custo-benefício de cada uma das disciplinas previstas no edital. De posse desses dados, levando em conta também o percentual de incidência de cada assunto dentro das disciplinas, a velocidade de leitura em cada matéria e o seu percentual de acerto em questões, é possível traçar a melhor estratégia de estudo, principalmente se estivermos em uma reta final, em que o tempo é ainda mais escasso, não restando ao concurseiro outra opção senão a otimização do seu tempo de preparação.

Mas atenção, se você estiver começando agora a sua vida de concurseiro, estude tudo, todos os assuntos previstos no edital. Você precisa primeiro criar uma base boa para depois pensar em estratégias. Paciência é uma das maiores virtudes que um concurseiro pode ter.

A armadilha do resumo

Eis um assunto polêmico. O estudante deve ou não fazer resumos enquanto está estudando? Eu sei que você já deve ter visto em muitos lugares que "a melhor forma de aprender é escrevendo". Isso pode até ser uma verdade, mas em quanto tempo você acha que baterá o seu edital se você, além de ler, revisar e fazer questões, tiver que fazer resumo de tudo?

O concurseiro iniciante geralmente está ansioso para estudar, empolgado, querendo mostrar serviço. Esse novo ser no mundo dos concursos acaba indo atrás de todo tipo de conselho. É como se fosse um novo mundo que ele está descobrindo. A maioria quer produzir, com as suas próprias mãos, algo que seja útil para os estudos, como se isso fosse uma necessidade. É quando ele tem a "brilhante" ideia de fazer um resumo de todas as disciplinas que vê, influenciado pelos mais diversos "estudos" e "opiniões de especialistas". E agora você deve estar pensando: qual o problema disso? Fique tranquilo que vou te dizer.

Resumo toma muito tempo, simples assim. Se você quiser fazer algum resumo útil, precisará ter bastante domínio do assunto. Não comece a sua vida de concurseiro sendo um "fazedor de resumos". Quem está no início da jornada ainda não tem um conhecimento significativo da disciplina, não fez muitas questões nem sabe como essa disciplina será cobrada. Ainda é um concurseiro juvenil. Logo, fará um texto pobre, baseado em suas primeiras impressões, e o pior: ficará preso a esse texto por um bom tempo. Afinal, quem gastou tempo produzindo um material, vai querer usá-lo (é preciso valorizar a sua arte). Já tive vários alunos que produziram caixas e mais caixas de resumos. Todos eles têm algo em comum: estão estudando há muito tempo.

Fim trágico: esse estudante iniciante, concurseiro inexperiente, passa às vezes anos lendo o resumo elaborado por ele, um texto pobre, pelo qual ele tem muito carinho, mas não é aprovado em nenhum concurso. O resumo pobre acaba limitando o seu olhar sobre a disciplina. É uma verdadeira prisão.

Imagine que você está lendo um texto pela primeira vez, certo? Na maioria das vezes, não percebemos todas as ideias que estão inseridas no texto. Isso porque não sabemos ainda o que realmente é importante. Ainda não fomos postos à prova, não resolvemos questões. Dessa forma, a não ser que o resumo seja muito completo, você precisará voltar no mesmo texto algumas vezes até entender o que está escrito ali. Explicarei melhor sobre isso no tópico seguinte. Essa é a principal limitação do concurseiro iniciante, a falta de experiência.

Por isso, se você acha que conseguirá fazer um super-resumo, altamente eficaz, lendo apenas uma ou duas vezes um texto, está completamente enganado. Desculpe a sinceridade. Agora bateu o desespero em você, não foi? Deve estar me questionando nesse momento: "Mas, Rafael, eu faço resumo para estudar, e agora?" Pare!

Não faça resumo! No fim das contas, você precisa ler, revisar e fazer questões para fixar, resumo não! Estude e reestude por PDFs, livros ou videoaulas, de forma complementar. Para revisar, faça questões, volte nos grifos que você fez ou nos do material e leia resumos prontos, aqueles que alguns professores elaboram.

Nossa, Rafael. Agora não entendi foi nada! Por que eu não devo fazer resumos, mas posso revisar por resumos feitos pelo professor? Ah, meu nobre, porque eu não condeno o resumo em si, mas sim o fato de você querer fazê-lo sem tempo e experiência para tal. O professor sabe "como" e "o quê" será cobrado na hora da prova. Você, que é iniciante, ainda não sabe. Se já for concurseiro avançado, não terá tempo a perder com isso. Então estude e reestude a teoria e revise pelo resumo do professor, se quiser mesmo ter contato com resumos (eu nunca fiz nem usei resumos), resolvendo sempre muitas questões. O resto é perfumaria!

Revisar *versus* Reestudar

Vou explicar a diferença gritante que enxergo nesses dois termos – revisar e reestudar –, que fará a diferença nos seus estudos a partir de hoje. Mas, para isso, precisaremos entender os diferentes níveis de percepção que temos à medida que vemos um mesmo alvo/objeto.

Você, quando vai à casa de um amigo, por exemplo, pela primeira vez, consegue perceber pouca coisa. Às vezes nem presta atenção em nada, pois está focado apenas em "chegar lá". Na segunda vez, você vai perceber que, no caminho, existem três casas azuis e uma grade quebrada na casa ao lado. Na terceira ida, vai notar uma árvore na esquina e detalhes no interior aos quais você nem tinha prestado atenção.

É o mesmo caminho, o mesmo alvo/objeto, mas você vai tendo outras percepções a cada ida. À medida que você vai caminha por um trajeto conhecido, outras coisas vão te chamar atenção, diferentes daquelas vistas nas vezes anteriores. Assim é com a leitura. Por isso é importante estudar a teoria sempre mais de uma vez, pois a cada leitura você observará melhor. A cada "estudada" no mesmo material, você absorverá mais e mais conhecimento. O olhar nunca é o mesmo para o mesmo texto.

Vamos a outro exemplo que gosto de dar aos meus alunos. Imagine que você tem um texto com 100 palavras para ler. É muito provável que, numa primeira leitura, você consiga perceber apenas 30 dessas palavras. Se você é um fazedor de resumos, vai resumir o que percebeu dessas 30 palavras e passará a revisar por esse material. Se você é um "grifador", vai acontecer a mesma coisa. Terá grifos relativos a essas 30 palavras e revisará sempre o que percebeu inicialmente.

Aí é onde mora o perigo. Tem gente que lê uma vez, resume o texto, e fica a vida inteira estudando apenas por ele. Muitas vezes passa a estudar apenas por questões, fazendo pequenas intervenções quando aparece algo novo. Os resumos passam a ser uma verdadeira colcha de retalhos, costurada com uma linha bem fininha.

Não se aprisione na sua primeira percepção da teoria, dê a oportunidade para a sua massa cinzenta perceber outras coisas nos textos que você leu. Releia os PDFs ou livro na íntegra, reestude a matéria. Depois de um tempo, tendo resolvido questões sobre os temas estudados na primeira vez, você lerá mais rapidamente e perceberá além daquelas 30 palavras que conseguiu enxergar na primeira leitura.

Isso que estou falando vale tanto para um texto quanto para um edital inteiro. Assim que você bater o seu edital, volte a estudar a teoria desde o início. Tenha bastante paciência e humildade para voltar às aulas iniciais na íntegra. Mas é claro que eu não estou dizendo para você ler tudo de novo. Por já conhecer o assunto, é natural que você passe por cima de algumas frases ou parágrafos. É justamente aí que está o segredo do reestudo. No exemplo dado sobre percorrer um mesmo caminho mais de uma vez, o personagem conseguiu, numa segunda viagem, perceber outros detalhes pelo caminho devido à familiaridade em relação àquilo que ele já tinha percebido à primeira vista. A segunda vista, portanto, permitirá ao observador perceber ainda mais detalhes, enriquecendo o processo de aprendizagem. Da mesma forma ocorre com o estudo. Assim, as próximas leituras serão sempre mais eficientes que as anteriores.

Sei que é difícil, algumas pessoas acham que isso é "voltar no tempo", regredir. Mas não é bem assim, precisamos sempre ter contato com a teoria. É muito pretencioso achar que se aprenderá algo de primeira, a não ser que você seja um gênio, o mago da absorção do conhecimento.

O poder das questões

Costumo dizer que o bom concurseiro é aquele que "come questões com farinha". Essa é uma frase que cabe bem para as pessoas que apreciam esse produto oriundo do processamento da mandioca, como o pessoal do Norte e do Nordeste do Brasil (me incluo nesse grupo!). A razão para eu acreditar no que estou dizendo é uma só: estamos nos preparando para passar em uma prova objetiva. Nesse processo, nada será mais eficaz do que treinar questões objetivas.

Sei que muitos concursos contêm também provas discursivas como etapa eliminatória, mas precisamos atacar um problema de cada vez. Até chegar no nível de dependência de nota em questões discursivas, você terá de estar afiado nas provas objetivas. Além disso, principalmente nos concursos mais concorridos, como os destinados para Auditor Fiscal, estar preparado para as provas objetivas já te dará bastante bagagem para as discursivas, que geralmente devem dispor sobre assuntos relacionados aos conhecimentos específicos do cargo. Ou seja, você não tem para onde correr.

Como dizia Aristóteles, "É fazendo que se aprende a fazer aquilo que se deve aprender a fazer". Você precisa praticar para alcançar seu objetivo. E isso em tudo na vida. Os atletas fazem dessa forma, e você também é um atleta, porém o seu esporte não é físico, e, sim, mental. Por isso, pratique à vontade!

Durante a preparação, dentro do Método 4.2 de Revisão (o método que explicarei em breve), as questões assumem papel importante tanto nos momentos de teoria quanto nos momentos de revisão. Naqueles, as questões servirão como ferramenta de fixação, apontando para o estudante o caminho que a banca costuma tomar nas questões sobre o assunto estudado. Nestes, as questões se apresentarão como oportunidades de testar os conhecimentos apreendidos.

As questões de fixação são aquelas que te mostrarão como aquilo que está sendo lido pode ser cobrado. É o momento de saber, inclusive, se o que você está lendo realmente serve para você. Era assim que eu testava materiais (livros, videoaulas, PDFs etc.). Se você estiver estudando algo e, na hora das questões, perceber que o que você leu não foi suficiente para solucioná-las, pode considerar esse material inservível para você. É claro que você precisa ter bom senso na hora de fazer esse julgamento. Tente aprender mais de uma vez com determinado material. Aí, sim, você poderá dizer que aquele produto não serve para você.

Contudo, não se deve usar esse dado para difamar o autor. Não é porque não serviu para você que o profissional é ruim. É apenas uma questão de inadequação entre você e o professor. A didática que não funciona com você pode funcionar perfeitamente com outra pessoa, ok?

Seguindo com as questões de fixação, podemos perceber como elas são importantes no direcionamento dos seus estudos. Portanto, não deixe de fazê-las.

Já as questões de teste apresentam outra função, a de atestar que você realmente aprendeu aquilo que estudou. Por isso é tão importante dar um tempo entre o estudo da teoria e a resolução de questões de teste. Dentro do Método 4.2 de Revisão você terá questões de teste sobre assuntos vistos de 2 a 4 dias atrás, nas revisões da semana/meta, por exemplo.

Outro ponto importante em relação à resolução de questões, fora as funções de fixação e teste do aprendizado, é a possibilidade que você tem de complementar o seu material de estudos a partir dos seus erros (acertar é muito bom, mas errar ensina mais). Quando estiver fazendo questões, volte no material e sinalize aqueles pontos mais cobrados, que causam mais discussão e que tenham mais possibilidade de te deixar em dúvida. Assim você consegue deixar sinalizado no seu material aquilo que precisa ser visto com mais atenção quando estiver estudando novamente aquele assunto.

Dessa forma, quando estiver estudando, lembre-se sempre de fazer questões para fixar/testar o conteúdo. É muito importante associar teoria à prática. É resolvendo questões que você ficará mais preparado para a prova. É nesse momento que você irá notar se está ou não dominando o conteúdo estudado e, por fim, terá uma noção de como e em que quantidade o conteúdo é cobrado.

Curso presencial é ladrão de tempo

Eu comecei a estudar para concurso desde muito cedo, como você já sabe, sempre fazendo uma outra atividade em paralelo (concluindo o nível médio ou superior e/ou trabalhando). Dessa forma, meu desafio era organizar o meu tempo para conseguir estudar com qualidade. Cada minuto para mim valia ouro. Eram muitas as disciplinas no meu conteúdo programático, então eu organizava da seguinte forma: a cada dia, eu estudava três matérias diferentes. Separava de uma a duas horas para cada uma delas. Como tudo era calculado, eu comparava o tempo de todas as minhas ações (sair de casa para ir a um cursinho, ir a uma biblioteca etc.) com o tempo que eu havia destinado para cada disciplina.

Então eu fazia a seguinte conta: "se eu deixar de fazer isso, quantas disciplinas a mais eu consigo estudar?". Parece coisa de psicopata, mas eu calculava tudo (risos). Como eu sempre estudei fragmentando a minha carga horária para estudar mais de uma disciplina, ficava fácil encontrar "brechas", na minha agenda, suficientes para encaixar mais um tempo de estudo.

Ouça bem o que eu estou te dizendo, aprenda a fragmentar os seus tempos de estudo. Estudar apenas uma disciplina até esgotá-la e, só depois, partir para outra é exaustivo e você acaba perdendo o foco. Estudar, por si só, já requer muito esforço e, se for de modo cansativo, a tendência de abandonar tudo e desistir aumenta. Por isso, é preciso muita estratégia e perseverança durante o processo de aprovação. Vá fazendo testes até você encontrar o seu "tempo ideal" para cada disciplina. No meu caso, eu sempre rendia mais quando estudava uma mesma disciplina por até 90 minutos.

Esse tempo de 90 minutos é o suficiente para, nos dias de teoria, ler por uns 70 minutos e fazer 10 questões. Ou então, nos dias de revisão, fazer 30 questões. Mas você também pode misturar outras mídias, como videoaula, por exemplo. A propósito, muitas pessoas me perguntam qual é a melhor mídia para estudar, e eu sempre respondo que todas são úteis. No meu caso, via de regra, eu começava direto pelo material em PDF, elaborado pelo professor de um cursinho *on-line*. Depois, a depender da disciplina, eu completava com videoaula. O único tipo de aula que eu nunca gostei foi a presencial, nem mesmo as da faculdade.

Sempre preferi estudar em casa com PDFs, livros e videoaulas. Pode parecer antissocial, mas também nunca gostei de trabalhos ou estudos em grupo. Na minha opinião, a gente sempre aprende melhor quando o silêncio está do nosso lado. Nada externo para nos atrapalhar. Não podemos desperdiçar tempo com algo que não seja útil. Você já deve ter percebido que sou extremamente preocupado em não perder tempo. O motivo é bem simples: o tempo é algo muito caro, não temos como comprá-lo, produzi-lo ou replicá-lo.

Nesse sentido, considero o curso presencial um ladrão de tempo. O estudante perde tempo no deslocamento, perde tempo esperando o professor entrar em sala de aula, perde tempo na dúvida de um colega de sala, perde tempo com piadas (repetidas) etc. O tempo que você gastaria com esses dissabores poderia muito bem ser utilizado para incluir uma nova disciplina em seu ciclo. Já tentei assistir às aulas em um cursinho pré-vestibular em Brasília, mas sempre ficava me perguntando: "será que eu não aproveitaria melhor o meu tempo em casa?". Em casa, a produtividade é bem maior. Em casa são só você, a sua coragem e o seu material.

A maior quantidade de informação estará no "papel", nos livros (físico ou digital), nos arquivos elaborados pelo próprio docente. Um professor, seja de forma presencial ou em videoaula, apenas explicará para você um conteúdo que você mesmo pode ler e entender. Você não precisa de alguém para fazer isso, você pode ler sozinho. Acredite, tudo é questão de hábito.

Não estou aqui falando que professor de curso presencial é ruim, longe disso. Temos excelentes professores nos diversos cursos do país, verdadeiros catedráticos, mas, infelizmente/felizmente, devemos olhar mais para a questão da praticidade e da eficiência. A videoaula ainda é uma boa opção de mídia por isso, conseguimos ter a excelente explicação do professor sem ter de aturar interrupções desnecessárias. Ah, e ainda existe um outro ponto positivo: podemos acelerar os vídeos.

O professor do cursinho presencial apenas explica o que está no material, "mastigando" o assunto para o aluno. Este, por sua vez, como um bom ser humano que gosta de comodidade, assiste passivamente à explanação do docente. É claro que pode haver algo de positivo nos cursinhos presenciais, como o fato de "inserir" o cidadão na atmosfera dos concursos. Afinal, muitas pessoas não fazem concursos simplesmente por falta de informação. É por isso que algumas pessoas acabam despertando para esse mundo com um pouco mais de idade. Mas, tirando alguns benefícios de ordem sociológica e/ou antropológica, no geral, é perda de tempo fazer cursinho presencial.

Se você estiver fazendo cursinho atualmente, calculo o tempo que você gasta se arrumando, escolhendo roupa, saindo de casa, pegando transporte ou dirigindo, estacionando, esperando o professor chegar na aula, esperando o professor iniciar a aula, ufa! É muita coisa, né? Agora, compare todo esse tempo e veja quantas disciplinas você não conseguiria inserir na sua meta. Não tenha dúvida, com disciplina, em casa você produzirá muito mais. Além disso, como você estará sozinho na brincadeira, a qualidade do seu estudo tende a melhorar drasticamente.

Outro ponto importante é perceber que a maioria das pessoas que estudam em casa tende a estudar ativamente, já que não há a figura de um "mastigador" de conteúdo. Se você tiver o hábito de estudar lendo e resolvendo questões, dificilmente cometerá o sacrilégio de estudar de forma passiva. Não há uma regra, mas geralmente encontramos mais pessoas estudando passivamente em ambientes de cursinhos presenciais, isso porque os estudantes, nesse ambiente, tendem a assumir o papel de meros espectadores.

Um ponto que impede muita gente de estudar em casa é a questão do ambiente com muito ruído e interferência parental. Alguns parentes não conseguem ficar quietos vendo alguém estudando ao seu lado. É uma coisa incrível. Portanto, se sua casa é barulhenta ou ninguém deixa você em paz, vá para uma biblioteca ou sala/cabine de estudos. Existe um monte por aí. Até mesmo as bibliotecas de faculdades particulares são liberadas para estudo de quem não é aluno. Não é difícil encontrar um local para estudar com tranquilidade. Descubra o seu cantinho e seja feliz!

Até aqui, já vimos que existem duas formas de estudar para concurso: a certa e a errada. A errada você já sabe, nada de estudar pós-edital, nada de cursinho presencial e nada de resumo. A certa eu já estou te contando aos poucos. Seja um estudante esperto e organizado: estude a longo prazo e vá incrementando as disciplinas a cada concurso feito. O ideal é ter uma bagagem de, aproximadamente, um ano de conteúdo. Esse é um tempo médio ideal para se tornar competitivo. Feito isso, as próximas etapas serão mais fáceis (menos difíceis).

Processo de aprovação

O segredo para se obter a aprovação é estudar com paciência, força de vontade e foco. Parece clichê, mas nunca é demais repetir que você precisará de muita paciência para esperar o tempo que for necessário e para relevar muitas críticas e julgamentos que você receberá por estar estudando; força para se levantar depois das reprovações, que não serão poucas; e foco para se manter firme no propósito mesmo se surgirem "coisas mais interessantes" durante o seu caminhar.

Quando eu estava estudando para concursos, recebia muitas críticas, especialmente dos parentes mais próximos, sofria com as reprovações, que são aqueles momentos em que pensamos "onde estamos nos metendo?", e tive de aguentar firme para não ceder a algumas ofertas que me fizeram. Foco total! O processo é puxado, não vou negar.

Adianto, portanto, que você precisará observar/cumprir algumas etapas para que o processo se concretize, resultando no produto esperado: a aprovação. A maior dificuldade dos concurseiros é justamente entender como o processo de aprovação se desenvolve. Aqueles que não conseguem entender, acabam desistindo, ou seja, ocorre a descontinuidade do processo. É por isso que eu estou o tempo todo tentando te mostrar a realidade.

Eu chamo de "processo" porque o estudo para concursos, se forem executadas todas as etapas necessárias, culminará em um produto chamado aprovação. É como fazer um pão. É preciso colocar os ingredientes nas medidas, deixar descansar a massa, levar ao forno e esperar até ficar pronto. O produto final, se todas as exigências forem cumpridas, será um pão delicioso (ou não haha).

No caso dos estudos para concurso, temos etapas semelhantes a observar, mas o processo resultará na sua aprovação. Mas muita calma nessa hora. É preciso reforçar que as etapas devem ser cumpridas integralmente. Os ingredientes são: material de qualidade, força de vontade, motivação, ambiente adequado, paciência e foco. A depender do tipo de "pão", podemos acrescentar outros ingredientes.

Ressalte-se que, da mesma forma que no processo de fabricação de um pão, você também precisará aguardar o tempo até a sua aprovação sair do forno, é preciso deixar a massa "descansar". O tempo entre o início da preparação e a aprovação dependerá do quão eficiente você será na construção da sua bagagem. Considero um concurseiro com boa bagagem aquele que conseguiu estudar todo o núcleo duro de disciplinas duas vezes, pelo menos.

A partir do momento em que você adquiriu bagagem, mantendo o ritmo e a qualidade, não demorará muito até chegar a sua aprovação. Mas não adianta estabelecer datas-limite, essas coisas não dependem de você. O tempo médio para que você consiga passar e ser nomeado é de dois anos. Eu passei antes, em apenas cinco meses, mas conheço gente que levou 10 anos para passar no cargo dos sonhos. Muito tempo, não é mesmo? Sim, com certeza. Mas tudo vai depender de como o concurseiro estuda, do concurso que ele almeja, da limitação geográfica etc. São muitas variáveis.

Estamos em uma maratona

Você já percebeu que em toda prova de maratona tem sempre uma galera fantasiada de super-herói, que sai sempre na frente, mas não dura muitos metros? Pois é, tem muito concurseiro vestido de super-herói que não aguenta um terço da jornada. Assim como nas provas de corrida, isso acontece porque o indivíduo não balanceou bem o ritmo, o tempo de prova e a distância.

Se estamos buscando algo grande, é claro que irá demandar um pouco mais de tempo. São muitas páginas para ler, muitas questões para fazer e não existe mágica para isso. É preciso avaliar bem por quanto tempo você conseguirá manter o ritmo de estudos, isso fará a diferença. É melhor começar devagar e conseguir se manter por dois anos estudando, do que começar com 12 horas líquidas por dia (o que é um mito) e não durar dois meses.

Mesmo que o concurseiro estabeleça um ritmo muito forte contando com pausas, isso não é bom. Não estou falando de pausas de um dia ou final de semana, mas sim de pausas de semanas ou meses, como já vi várias vezes. Estudar para concursos exige continuidade. Por isso, é importante que você, nobre colega, reserve um tempinho para sair e se divertir. Ter um momento para desopilar é essencial durante esse período.

Você deve estar me questionando agora: "Como assim, Rafael? Eu vou pra farra no lugar de ficar estudando?". E eu digo que sim! Você vai estudar, em média, quatro horas e meia por dia, no resto do tempo estará trabalhando ou dormindo. Até nos finais de semana recomendo que você estude a sua média diária, mas tente reservar um ou dois turnos (manhã, tarde ou noite) para não fazer nada relacionado a concursos. Seu corpo precisa de um tempinho para o lazer.

Se você não separar um tempo para o lazer, não conseguirá dar continuidade ao processo, pois ficará saturado. Vai ficar pensando se vale a pena ficar trancado estudando por tanto tempo e acabar desistindo de tudo. Não faça isso, o segredo de tudo está no equilíbrio. É para conciliar os estudos com a vida social, dando prioridade aos estudos, claro. Aprecie a vida com moderação, em tudo.

Eu passei em todos aqueles concursos estudando quatro horas e meia por dia, de domingo a domingo. Como eu sempre trabalhei, buscava estudar todos os dias, incluindo feriado, aniversários etc. Durante a semana, só conseguia estudar, trabalhar e dormir. Mas nos finais de semana, eu estudava e passeava um pouco. É muito tempo estudando, se não fizermos dessa forma, ou desistiremos ou chegaremos à loucura.

É preciso haver uma organização e uma sequência de estudos para não perder o ritmo. Você estará habituado a estudar todos os dias, da mesma forma que você tem o hábito de ler um jornal todos os dias, por exemplo. No dia em que você, por algum motivo, não estudar, sentirá falta.

Sempre atrasado

Como eu já falei aqui, existem duas maneiras de estudar: a certa e a errada. Tem um pessoal que estuda apenas visando ao concurso que irá abrir ou que já está aberto. Essa é a galera do pós-edital que vimos um pouco antes. Esses estudantes se inscrevem em todos os concursos que vão abrindo e estudam só nesse momento. Podemos até chamá-los de "patrocinadores de bancas organizadoras".

Estudando dessa forma, eles nunca conseguem incrementar. Não conseguem levar as disciplinas aprendidas em um concurso para o próximo desafio. Isso porque estão sempre estudando na correria, de qualquer jeito. Talvez eles imaginem que passar em um concurso seja o mesmo processo de acertar na loteria. Mas não é. Então eles fazem diversos concursos estudando pós-edital, passam dez anos "estudando", e não conseguem passar em nenhum.

Qual o erro deles? Eles não percebem que estão correndo em círculos, como um cachorro que corre atrás do rabo. É como se eles tentassem apagar um incêndio com um balde d'água. Eles jogam água em um canto, o fogo apaga, mas tem outro logo atrás, eles apagam, então surge outro e assim sucessivamente. Dessa forma, o estudo para o concurso sempre estará atrasado.

O ideal é ter uma bagagem de pelo menos um ano de conteúdo, incrementando as disciplinas aos poucos. Quer ser servidor público? Comece agora a estudar! O modo correto para estudar é a longo prazo, com calma e paciência. Lembre-se sempre do pão, ninguém gosta de pão duro, é necessário esperar o tempo certo para a massa "descansar", atingindo o ponto certo para crescer ao forno.

Os concurseiros que estudam a curto prazo estão sempre atrasados, igual ao coelho de *Alice no país das maravilhas*. Não seja como ele.

Estudo incremental

Sou um amante da simplificação das coisas. Não acho interessante que, diante de todas as dificuldades que surgem no nosso caminho, nós também sejamos "criadores" de problemas. Por isso, se você quer passar em um concurso, tente não ficar criando mais problemas do que aqueles que já existem.

Evite estudar no pós-edital, como já falamos anteriormente, e também ficar atirando para todos os lados. É preciso focar e saber qual área você almeja. Se prefere carreira policial, área jurídica etc. Definindo isso, o concurseiro deve pegar o edital mais abrangente dentro da área que ele quer e estudá-lo por completo.

Mas preste muita atenção ao que vou dizer: você não precisa ficar de molho até bater todo o edital. É interessante que você vá fazendo alguns concursos pelo caminho, mas sempre dentro da sua área. A ideia é a seguinte: se você conseguir, a cada concurso "menor", ficar bem em três disciplinas, não vai demorar muito até que você consiga se tornar realmente competitivo.

Um conselho que te dou (do fundo do meu coração): tente fazer as provas "intermediárias" sem pretensão de passar. Ponha na cabeça que você está fazendo para testar aquilo que já viu com qualidade. Se você fizer um concurso que tem doze disciplinas no edital, mas só conseguiu ver com qualidade três disciplinas, faça a prova tendo em mente que você não vai poder se cobrar em relação às nove disciplinas que não viu, ok?

Seguindo essa linha, e entendendo como estudar de forma incremental, ganhando três disciplinas a cada concurso (seguindo o meu exemplo), em breve você estará apto a realizar concursos de maior envergadura, como os da área fiscal, por exemplo. Eu fiz assim durante todo o meu processo de aprovação. Depois do terceiro ou quarto concurso, eu estava supercompetitivo.

Foi assim, seguindo o estudo incremental, que passei em cinco concursos para analista apenas no ano de 2010 e, de novembro de 2013 a setembro de 2014, passei em cinco concursos para cargos de auditor.

Para saber se você deve ou não fazer determinado concurso pelo caminho, é importante analisar o edital do concurso que está aberto e verificar se você tem, pelo menos, 70% de conteúdo programático em comum com o seu concurso alvo. Os outros 30% são, geralmente, disciplinas de regimento interno ou alguma legislação específica, que podem ser estudadas em dois ou três meses antes da prova, no pós-edital.

Outro ponto positivo nessa forma de encarar os concursos é que você vai ganhando experiência gradualmente. Fazer provas no decorrer dos estudos é crucial para pegar a prática. Em casa, temos todo um ambiente no qual já estamos habituados a estudar, mas em uma aplicação de prova prática, em sala de aula, com fiscais, esse ambiente muda. Precisamos ser testados. Na hora da prova, você pode se deparar com uma cadeira ruim, uma luz piscando etc., e você precisa estar preparado para essas adversidades.

A miragem

Nessa maratona de concurso, em que o estudante está se preparando para vencer a corrida de longa e chegar em uma boa colocação, muitos alunos me perguntam se passar em um concurso de nível médio leva menos tempo do que passar em um cargo de nível superior.

Eles questionam se é mais vantajoso focar no nível médio, uma vez que, por ter um edital com conteúdo mais enxuto, acreditam que a provação será mais rápida, garantindo, assim, a aprovação e, consequentemente, a segurança de já ter um cargo público para depois se preparar para um concurso de nível superior, que seria o objetivo final. Claro que, desconsiderando a realidade, trata-se de um plano brilhante! Passar mais rápido em um concurso e garantir um salário mensal para custear os estudos na preparação para um concurso melhor.

Talvez eu desaponte algumas pessoas neste momento, o que para mim é uma pena, mas afirmo categoricamente: não é mais fácil, tampouco mais rápido passar em um concurso de nível médio. Calma, vou explicar o porquê.

Os concursos de nível médio são disputados por qualquer pessoa, de nível médio ou superior, tornando-se, assim, alvo de uma quantidade maior de pessoas. Dessa forma, a concorrência acaba complicando ainda mais a vida daqueles que disputam esse tipo de cargo.

Além disso, a quantidade de disciplinas é menor do que em concursos de nível superior, algumas vezes sendo exigidas dos candidatos apenas noções das disciplinas. Esse fato, aliado à possibilidade de termos gente de nível superior disputando a mesma vaga que o pessoal de nível médio, acaba elevando a nota de corte desse tipo de concurso.

Ou seja, quem disputa um cargo de nível médio precisa vencer, além da concorrência altíssima, as elevadas notas de corte. Na prática, isso faz com que a margem de erro seja mínima, o que torna qualquer ponto suficiente tanto para te colocar entre os primeiros lugares quanto para te deixar fora das vagas.

Dessa forma, eu não acredito que exista essa diferença de tempo até a aprovação entre os diversos níveis de concurso. O tempo de aprovação que você levará para passar em um concurso de nível médio é o mesmo de um concurso de nível superior. A diferença está mais relacionada ao concurseiro do que à prova em si. Conheço algumas pessoas que passaram em concursos de analista judiciário sem nunca terem conseguido o mesmo em cargos de técnico judiciário, por exemplo.

Mesmo com as disciplinas mais fáceis do nível médio, com o edital mais enxuto e com uma prova menos complexa do que a de nível superior, ainda assim você passará praticamente o mesmo período de tempo estudando, independente do nível. Essa questão é muito relativa.

Perceba que, em comparações entre concursos de nível superior, quando as questões são mais complexas, as notas de corte tendem a diminuir, pois o estudante leva mais tempo para resolver a questão. E você sabe como ninguém o quanto o tempo é precioso para os concurseiros. Quando esse tempo é "perdido" em questões complexas, o tempo de prova diminui. Nas questões finais, mesmo sabendo o conteúdo, o candidato acaba chutando por não haver mais tempo para resolver as demais questões.

Quando esse chute desesperador por conta do tempo acontece, a nota geral dessa galera cai, facilitando as chances de um maior número de pessoas preparadas conseguir uma classificação promissora. A gestão do tempo acaba representando um diferencial nesses casos. Já em concursos de nível médio, geralmente as questões são mais objetivas, mais diretas, fazendo o candidato respondê-las com mais tempo e tranquilidade.

Essa objetividade faz o candidato resolver as questões mais rapidamente, ganhando tempo nas provas. Então ele poderá responder todas as questões numa boa, lembrando das teorias, conteúdos etc., conseguindo, assim, marcar mais questões corretas. Nesse caso, reafirmando o que já se disse anteriormente, a nota de corte tende a subir. Desse modo, a concorrência e a elevação da nota de corte compensam essa "facilidade" da prova.

Já quando a prova é complexa (nível superior), conseguimos perceber que a nota de corte é mais baixa, pois ela exigirá mais tempo de você, por ser uma prova mais complicada. No fim, sempre uma coisa é compensada por outra.

Em resumo, no meu entendimento, o tempo de passar em um concurso de nível médio é igual ao de passar em um certame de nível superior. Não existe essa ideia de que o nível médio é mais fácil que o nível superior. Mas, é claro, eu comparo cargos "top" de ambos os níveis, em órgão de tradição e alta remuneração, como tribunais do Judiciário e casas legislativas. A dificuldade, em termos de tempo até conseguir a aprovação, para passar em concursos de nível médio e superior é a mesma.

Não existe concurso mais rápido, isso é uma miragem. Decida o que você quer e vá atrás. A verdadeira concorrência está dentro de si mesmo. Cada um tem que encontrar seu caminho e lutar para conseguir atravessá-lo. E se você já possui um curso superior, valorize o seu diploma, faça concursos cujas vagas sejam para a sua área. E, como sempre digo aos meus alunos, não importa o tempo, o que importa é chegar lá.

O milagre do cochilo

Passei muito tempo lutando contra o sono até entender que meus esforços eram em vão. Não se deve lutar contra a força da natureza, você só tem a perder! Fome, sede e sono não se combatem, devem ser satisfeitas. Precisamos encontrar formas de conviver com as nossas necessidades fisiológicas. Sobre o sono, sou categórico: você só tem um jeito de vencê-lo: dormindo. Sei que é óbvio, mas calma, vou explicar direitinho.

Inicialmente, para evitar que você tenha esse tipo de problema, procure entender quais são os horários em que seu corpo consegue render mais, estudando com qualidade. Acredito ser esse o ponto principal quando o assunto é produtividade. Tem gente que consegue estudar à noite, por exemplo. Pessoas que rendem superbem durante a madrugada, inclusive porque não há quase barulho ou interferências nesse horário. Outras pessoas, como eu, preferem dormir cedo e acordar cedo para estudar. Sempre fui assim. Perceba que encontrar "o seu horário" é fundamental nesse processo.

Feito isso, comece a avaliar se em algum período do dia o seu corpo está pedindo um descanso. Se isso estiver acontecendo, é porque você precisa repor energia, pois estamos diante do caso de bateria descarregando. Você pode resolver isso de duas formas: por meio da ingestão de vitaminas e outros compostos destinados à reposição de substâncias "energéticas" para o nosso corpo; ou você pode resolver isso de forma natural. Como eu não gosto de apelar para substâncias estimulantes, naturais ou artificiais, passei a usar a terapia do cochilo. Isso mesmo!

Só para vocês terem uma ideia de como poder organizar esses cochilos no dia a dia de vocês, vou apresentar como era a minha rotina na época em que eu passei nos cinco concursos de analista, no ano de 2010: eu trabalhava no exército, como Sargento, e durante muito tempo trabalhei em regime de turno de seis horas, que começava às 6:00 e ia até as 12:00. Por volta das 13:00 eu já estava em casa. Eu tinha, então, a tarde para estudar, porque às 19:00 começavam as minhas aulas na universidade (isso mesmo, fiz e passei nos concursos para nível superior enquanto ainda estava na faculdade). Dessa forma, como eu acordava muito cedo, precisava descansar um pouco antes de estudar, senão o estudo não rendia. Assim, religiosamente, após o trabalho, antes de começar a estudar, eu sempre dava um cochilo de 20 minutos. Era o suficiente para reestabelecer as minhas energias.

Passar a dar esses cochilos foi um marco na minha vida, a qualidade do estudo melhorou 100%. No começo era um pouco difícil, porque o corpo queria estender o cochilo para além dos 20 minutos, mas, como tudo é questão de hábito, passei a conseguir cochilos curtos depois de um tempo insistindo. Muito cuidado com isso, o corpo tende a querer esticar o cochilo para além dos 20 minutos, controle isso. Se você dormir de verdade, seu dia estará perdido. Porque você acordará com preguiça. Não pode desligar a máquina completamente.

Para me ajudar nesse intento, eu usava um despertador desses bem baratos, que tem um barulho chato, e o deixava em um lugar bem distante, assim não corria o risco de desligá-lo para voltar a dormir. Outra dica é colocar vários alarmes em sequência, assim não tem o perigo de você dormir demais. Enfim, encontre uma forma de despertar em definitivo.

Depois de trinta dias de cochilos regulares, eis o Milagre do Cochilo. Seu corpo passará a entender que aquele é o momento de recarregar a bateria, uma espécie de "meditação deitada". É um momento de relaxamento, de dar uma pausa na correria. Restaurar o foco e a concentração.

Até hoje tenho esse hábito. Mesmo que eu não coloque um despertador no meu "pé do ouvido", meu corpo se levanta nos 20 minutos regulamentares. É impressionante! Faça um teste, se programe para cochilar um pouco antes de estudar e sinta a diferença. Se você já é um adepto dessa modalidade, parabéns!

O chute é o desespero do desespero

É importante que o concurseiro, ao estudar, sempre mescle teoria e prática. Resolver questões é essencial no processo de aprovação. O estudante que fica apenas na teoria, sem treinar, com certeza levará um susto na hora da prova. O correto é solucionar questões todos os dias.

Leia por uma hora, no mínimo, e depois resolva questões sobre o assunto. A ideia não é transformar você em um jurista ou em um especialista em Direito Constitucional, por exemplo, a banca não se importa com isso. Ela quer testar se você sabe fazer questão. O importante é marcar a bolinha correta.

As questões servem, também, para fixar o conteúdo durante toda a preparação do aluno. Ele precisa se testar para saber os pontos em que precisa melhorar. Quem estuda sem fazer questões terá mais dificuldade para passar. Estude hoje e faça questões hoje, simples assim.

Com toda essa preparação, você não irá se preocupar com os "chutes" na hora da prova. Eu mesmo, na minha primeira experiência com concurso, percebi que chutar não era uma opção. Aprendi isso no vestibular para a UnB. A banca era o Cespe e, naquele tempo, uma questão errada anulava uma questão certa. Não dá para tentar a sorte em uma prova desse porte.

É claro que eu já chutei em provas objetivas de múltipla escolha, mas nunca me preocupei com técnicas de chute ou coisas do gênero. Acredito que o melhor caminho é aprender o conteúdo com qualidade, reduzindo ao máximo a necessidade de recorrer à sorte.

Só chuta aquele estudante que não tem conteúdo ou que não lembra na hora da prova. Essa última hipótese dói mais, porque geralmente o esquecido sabe que sabe, mas não lembra o que sabe. Dessa forma, "técnica" de chute é algo com o que o estudante bem preparado não deve se preocupar. O chute é o desespero do desespero. Quer uma técnica boa de chute? Estude muito!

Treine a sua acurácia

A acurácia pode ser entendida como a "exatidão e/ou precisão numa medição ou no resultado apresentado por um instrumento de medição". Esse é um dos conceitos que podemos encontrar em alguns desses dicionários *on-line*. Em rasas palavras, significa o quão próximo do alvo você está após considerável número de tentativas.

Dessa forma, depois de certo tempo de estudo, o concurseiro deve começar a treinar a sua acurácia. Em casa, na hora dos estudos, o estudante precisa se preocupar em reduzir essa "taxa de erro", não se preocupando tanto com os acertos. Fique atento a "quantas questões você errou" e não a "quantas acertou". Reduza a taxa de insucesso. Não aceite errar, principalmente em casa.

Esse tipo de treinamento é ainda mais indicado quando estamos nos preparando para um concurso do Cespe, do tipo "Certo ou Errado", em que o erro tem o condão de anular um acerto. Nesse modelo de avaliação, o erro deve ser evitado a qualquer custo, mesmo que isso implique em deixar várias questões em branco.

Cheguei a deixar quase 20% da prova em branco, como no caso do concurso para Analista Judiciário do TRT-RN, e, mesmo assim, consegui a aprovação em 3º lugar. Como isso foi possível? A minha taxa de erro era inferior a 5%, às vezes chegava perto de zero. Tudo isso graças aos treinos de acurácia que fazia durante a minha preparação.

Confie em si mesmo

Lembre-se: a confiança precisa sempre andar com você durante essa jornada. Sei que é um caminho longo e exaustivo, talvez você pense até em desistir. Mas não faça isso. Seja confiante e positivo. Isso te dará ânimo para alcançar aquele pão de que falamos anteriormente.

Longe de mim querer trazer para você o clichê que é marca dos livros de autoajuda, estou apenas querendo enfatizar que a quantidade de energia que alocaremos em cada um dos nossos projetos sempre será proporcional à expectativa de sucesso que temos em relação a cada um deles.

Confiança é algo que faz você atingir o objetivo com mais facilidade. Você ganha mais eficácia no que vai fazendo justamente por confiar no seu potencial. Quer um exemplo? Se duas pessoas forem pular em um córrego, uma confiante e outra pessimista, a chance de a pessimista cair no buraco é muito maior. Isso porque o pessimista tende a não dar o melhor de si, já que aposta no insucesso.

A descrença em si mesmo faz com que o cérebro não gaste muita energia, logo, ele não manda para o corpo os comandos necessários, com a força necessária. É como se ele trabalhasse com indiferença – tanto faz como tanto fez. E esse limitador, a falta de confiança, dificulta qualquer tentativa de sucesso. E isso você pode aplicar em qualquer área da vida.

Mas eu gostaria de deixar claro que não estou aqui pregando a alienação e tampouco a irracionalidade, é preciso estar preparado. Tem que estudar a teoria, revisar e fazer questões. Não vá pensar que as coisas acontecerão pelo simples poder da mente. "Ser positivo" é uma espécie de catalisador, que acelera o processo no qual você está inserido sem ser consumido, ele não age por si só.

Confiança é algo fundamental. Quando você acredita que vai dar certo, quando confia em si mesmo, seu corpo coloca muito mais energia naquilo que você está fazendo. E essa crença fará você saltar o córrego. Fiz isso a vida inteira. Nunca saltei acreditando que iria cair. Sempre saltei na certeza de que iria chegar ao outro lado, eu sabia que estava me preparando adequadamente.

Estudo reverso

Calma! Você não leu errado. O título é estudo reverso mesmo. Não sabe como funciona? Fique tranquilo, vou te explicar. O comum do estudo regular é começar pela teoria para depois partir para a prática. O concurseiro lê sobre o assunto, revisa e, em seguida, resolve questões para fixar o conteúdo (lembre-se de que resolver questões é de suma importância).

No método reverso, você irá fazer o oposto. Irá direto para as questões. "Como assim, Rafael?! Vou errar tudo!". Não vai acontecer isso, afinal, você, que já leu o livro até aqui, percebeu que bater o edital no método que te ensinarei, com teoria e questões, é fundamental. Se você for um concurseiro iniciante, não deve iniciar pelo Estudo Reverso, claro! Vai estudar da forma que eu mencionei anteriormente, por PDFs, videoaulas, para complementar, e questões para fixar.

Se você está no nível intermediário (que já tenha visto o núcleo duro por completo duas vezes, pelo menos), já pode ir para o Estudo Reverso. Nesse caso, recomendo a leitura dos comentários das questões. Você responde cada questão e, quando fizer a correção, lê os comentários daquelas que errou.

O concurseiro avançado faz o estudo reverso direto nas questões, sem a leitura dos comentários. Depois ele só revisa aquilo que errar. Todas as vezes que for fazer uma questão, anote ou sublinhe o assunto visto no edital, assim ficará mais fácil ter a certeza dos temas estudados que são mais cobrados no certame. Quando você bater o edital no estudo reverso, volte a estudar no modo regular – nunca podemos abandonar a teoria.

Quando você for bater um edital pelo método reverso, procure fazer entre 5 e 20 questões sobre todos os assuntos do edital, de acordo com o grau de ocorrência de cada assunto em provas.

A técnica do estudo reverso serve para sedimentar os assuntos aprendidos e também tirar a monotonia dos estudos. Nosso cérebro fica condicionado com a mesma leitura várias vezes.

Estágios do processo de aprovação

Tudo na vida é questão de prática, não é mesmo? Se nós estamos nos preparando para enfrentar uma prova objetiva, nada melhor do que estudar resolvendo sempre questões objetivas. Afinal, um corredor só aprende a correr correndo!

Durante o processo de aprovação, devemos procurar "virar a chave" de vez em quando. Dessa forma, é saudável que o estudante alterne as formas de estudo ao longo do tempo, mas sem comprometer a estabilidade dos estudos. A ideia é não o tornar monótono.

Para os meus alunos, sempre recomendo que façamos primeiro o estudo da forma regular, por meio da leitura das aulas, revisões e questões. Isso até "bater" o edital que estamos utilizando como guia.

Após esse primeiro estágio (vamos chamar assim), devemos bater o edital todo em questões (segundo estágio dos estudos), no modo reverso, que significa estudar a partir das questões. Isso mesmo, você fará as questões e passará a revisar apenas os pontos relevantes, especialmente as questões que errou.

O ideal é que você faça entre 5 e 20 questões por assunto, sempre observando as questões da banca que organizará o próximo concurso que você irá fazer. "Mas como saber quando devo fazer 5 ou quando devo fazer 20 questões em determinado assunto?" Essa competência você adquirirá já na primeira "batida" do edital, pois terá feito inúmeras questões.

Por experiência, observando pelo menos duas centenas de alunos, percebo que é possível bater um edital no método reverso na metade do tempo que foi gasto no primeiro estágio (estudo regular). Isso mostra a agilidade que se ganha com essa técnica. "Mas o que fazer depois que bater o edital no modo reverso?" Se o seu edital ainda não estiver na praça, volte a estudar a teoria desde o início, agora de forma muito mais dinâmica.

Cuidado com os atalhos mentais

Você já percebeu que é comum deixarmos passar erros quando estamos escrevendo, mesmo que façamos revisões e releituras? Parece até que os nossos olhos "pulam" certas palavras. Mas é justamente isso que acontece, algumas palavras são "puladas", isso porque processamos automaticamente a ideia (isso é ainda mais comum quando a ideia é nossa) antes mesmo de ler todas as palavras.

O culpado disso tudo é o nosso cérebro, que começa a pegar atalhos, poupando seu tempo e energia. Ele fica tão familiarizado com o conteúdo que, se retirarmos algumas palavras do texto, a nossa massa cinzenta, ainda assim, consegue entender o conteúdo inteiro. Esse processo é conhecido como atalhos mentais. O cérebro consegue completar as frases e essas lacunas acabam passando despercebidas.

O problema é quando esses atalhos nos fazem aprender errado algum assunto, aí passamos a pegar o mesmo atalho sempre que nos deparamos com a mesma situação. Esse é um dos motivos de errarmos sempre a mesma coisa, são falhas no aprendizado causadas por atalhos mentais.

Como evitar isso? Reaprendendo em outras fontes ou reestudando o conteúdo. É dessa forma que conseguimos voltar no caminho e, com um pouco mais de atenção, eliminamos os atalhos mentais que nos prejudicam.

Mas é muito importante deixar claro que os atalhos mentais não são sempre vilões, apenas nos prejudicam quando nos fazem pegar algum caminho errado. Se você aprendeu algo corretamente e conseguiu construir atalhos a partir daí, perfeito! É assim que conseguimos ganhar velocidade na leitura, inclusive na resolução de questões.

Por que é importante fazer prova?

Para o estudante concurseiro, fazer prova é o melhor treino. De início, ele precisa entender que alguns concursos devem ser feitos não para passar, mas para praticar. É importante desenvolver a habilidade de fazer prova e resolver questões naquele ambiente hostil. Então, nessa fase, não se cobre tanto, apenas treine.

Simulado nenhum vai te proporcionar todas as emoções possíveis que sentimos num "dia de prova". Preocupação com a alimentação no dia, dificuldades para estacionar ou chegar ao local de prova, ter a certeza de que as canetas que você levou não vão falhar, aguardar a distribuição das provas sem poder abrir o caderno de questões, gente se mexendo e batendo com o pé na sua banca, ter que ir ao banheiro acompanhado por um fiscal, sentir as horas passando como se fossem minutos, enfim, coisas que só na hora da prova, "na vera", você conseguirá experimentar.

Mas o que não pode acontecer é você ficar triste porque não passou na prova (que você fez para treinar) ou ficou em uma posição ruim. Não pense dessa forma. Esse tipo de pensamento pode te afastar da realidade, o medo de perder pode te impedir de ganhar. Você precisa encarar a derrota como parte do processo, é uma oportunidade de ver onde você pode melhorar.

Você é um atleta dos editais, tem que treinar! O atleta treina bastante para uma competição importante. Os corredores competem em provas menores para depois irem a uma maratona, por exemplo. Ele treina, vai competir e fica em último lugar. Treina novamente, vai competir de novo e fica na quinquagésima posição. E assim vai tentando até conseguir vencer. É assim que acontecerá com você. Por isso não desista nem fique triste. Você é um maratonista e chegará o dia da sua vitória!

Você não pode se cobrar se não se preparou completamente para a prova. O concurseiro não fará uma boa prova com apenas 40% do edital estudado, ele faz a prova para treinar o que já estudou. Portanto, nesse caso, avalie seu resultado em relação àquilo que conseguiu estudar.

Eu aprendi a fazer prova fazendo prova. Por isso fiz tantos concursos, acho que mais de trinta, e aprendi a não sofrer com a reprovação, pois sabia que não estava preparado em todos eles. Mas fazê-los me fez estar preparado para os que passei. Você não pode ter medo da prova, medo de não passar, tem que fazer e pronto. Como dizia minha bisavó, "quem tem medo de cagar, não come" (pense numa mulher sábia!).

Faça a prova em camadas

Quem nunca passou pela triste experiência de chegar em casa, depois de uma prova, e perceber que não respondeu todas as questões com serenidade por falta de tempo? Isso geralmente acontece porque ficamos "agarrados" em algumas questões, tentando resolvê-las a todo custo. Essa falta de tempo acaba fazendo com que tenhamos que "chutar em lote", geralmente marcando a letra "D" de Deus nas bolinhas que ficaram em branco, perto do fim da prova, depois de preencher o caderno de respostas.

Para evitar esse tipo de problema, é importante seguir uma espécie de ritual, que faça com que você utilize melhor o seu tempo de prova, garantindo o seu máximo desempenho nessa hora tão importante. Dessa forma, vá para a prova sabendo quanto tempo você tem para fazer cada questão, em quantos minutos você consegue realizar a sua discursiva e qual o melhor momento para começar a preencher o caderno de respostas (passar o gabarito).

O tempo médio para resolver uma questão no dia da prova é de dois minutos e meio, mas tem estudante que acaba perdendo cinco minutos em uma questão que ele não sabe (fica batendo cabeça). Não faça isso. Se você "bateu o olho" na questão e, em 30 segundos, não conseguiu organizar na sua mente o ponto de partida para resolvê-la, pule essa questão e vá para a próxima.

A ideia é que você faça a prova em camadas, tentando responder, no primeiro momento, as questões mais fáceis, depois as questões de dificuldade média e, por fim, as difíceis. Era assim que eu fazia todas as minhas provas. "Mas como faço isso, Rafael?". Vamos lá, siga os seguintes passos:

- Leia a questão e veja se você sabe sobre o assunto. Se a resposta for negativa, passe para a próxima. Faça isso até chegar ao final da prova. Nessa primeira tentativa, você terá feito todas as questões fáceis;
- Em seguida, volte para a primeira questão que você pulou e tente respondê-la, com calma. Repita o procedimento de passar as questões que você não está conseguindo fazer e siga até o final da prova. Nessa segunda etapa, você terá feito as questões de dificuldade média;
- Para esfriar a cabeça, parta para a confecção da sua discursiva, se houver;
- Depois, preencha a folha de respostas com todas as questões que conseguiu responder na primeira e segunda tentativas;
- Por fim, vamos fazer as questões que você ainda não conseguiu responder. Se não tiver jeito, ainda persistirem questões sem resposta e tiver se aproximando do término da prova, chute.

Perceba que as coisas devem acontecer de forma muito lógica, deixando para o final da prova todas aquelas questões que podem te derrubar. Quando o concurseiro faz isso, ele ganha tempo e evita deixar questões fáceis para o momento "barata voa", nos minutos finais, quando não dá para raciocinar direito.

Mas não pense que eu inventei essa forma de fazer provas do dia para a noite, foram muitas reprovações e muita angústia provocada pela falta de tempo que me fizeram refletir sobre como eu poderia proceder na "hora H".

Para concluir, outro fator importante é começar a prova pela disciplina que você mais gosta, mas seguindo a técnica da prova em camadas. Mas fique atento! Nunca deixe a prova de Língua Portuguesa por último, tal disciplina possui muitas regras para serem lembradas, não deixe para fazê-la de cabeça quente.

Quando devo fazer simulados?

Está aí uma coisa que todo concurseiro gosta de fazer: simulados. Na minha opinião, um dos benefícios desse tipo de ferramenta é jogar na cara do concurseiro todos os assuntos em um documento apenas, fazendo com que o seu cérebro tenha que mudar de "frequência" várias vezes, como acontece no dia da prova.

É fazendo um simulado que a gente consegue avaliar se estamos bem ou não em termos de velocidade, já que é sabido que o candidato não dispõe de muito tempo para resolver cada questão na prova, que seria algo em torno de três minutos, em média. Por isso é tão importante fazer questões assim, de forma corrida. Não dá para testar esse tipo de coisa na hora da prova, "na vera".

Eu só vejo um problema em relação a essa questão de fazer simulados: muita gente faz o simulado e se deixa abater pelos resultados obtidos. Já vi pessoas deixarem de fazer uma prova porque tiveram um resultado ruim em um simulado realizado dias antes do certame, um completo absurdo!

Veja bem, o simulado é muito bom como forma de te preparar para fazer a prova por completo, com todas as disciplinas do edital, número de questões, tempo corrido etc., no entanto, nem de longe ele se parece com o dia da prova. A não ser que façam um simulado em um local isolado, com cadeiras escolares desconfortáveis, fiscais na sala, idas ao banheiro controladas, enfim, tudo o que passamos no dia da prova.

A atmosfera do dia da prova é diferente, vários concorrentes estão ali, emanando vibrações (boas e ruins), e você está excitado, atento a tudo que está acontecendo. São muitos sentimentos envolvidos, você estudou muito para estar ali, vai dar o máximo de si. Percebam a diferença, o simulado não é como o dia da prova.

Por isso, não se desesperem com resultados em simulados. Façam esses testes para identificar os pontos de melhoria, sem se deixar abater por eventuais resultados indesejados.

Revisão de véspera

Durante a preparação para concursos, precisamos nos adaptar aos diferentes momentos do processo de aprovação. Nesse sentido, é muito importante que tenhamos uma forma diferente de estudar quando estamos perto da prova, semanas antes.

Eu recomendo sempre que, independentemente do método de estudo, o concurseiro pare de estudar de forma regular e faça uma Revisão de Véspera, a fim de trazer para a memória de curto prazo a maior quantidade possível de assuntos.

Uma boa Revisão de Véspera pode durar até 30 dias, dependendo da quantidade de disciplinas a serem estudadas. Mas preste atenção: não confunda Revisão de Véspera com aulões ou outros eventos no dia imediatamente anterior à prova. Estamos falando aqui de algo entre uma e cinco semanas de revisão, a depender do cargo.

Esse é o momento em que o aluno resolverá a maior quantidade possível de questões sobre os assuntos do edital, usando grifos, anotações, resumos, mapas mentais etc. Tudo aquilo que possa ativar os gatilhos para os diversos assuntos estudados até então.

Não deixe de considerar essa pausa na sua preparação, mesmo que o concurso em questão não seja o seu "objetivo final". Não é recomendado ir para a prova sem ter feito sua respectiva Revisão de Véspera, que, a depender do seu desenvolvimento no conteúdo programático, pode ser mais ou menos abrangente.

Seguindo a lógica do estudo contínuo, incremental, você só revisará aquilo que estudou até a parada para a sua Revisão de Véspera. É isso mesmo! Se você está no começo da caminhada, não tem por que se desesperar para fechar o edital, vá para a prova com as armas que você tem.

Veja os principais pontos para a sua Revisão de Véspera:

- Faça um ciclo de estudos de modo a contemplar todas as disciplinas do edital;
- Leve em consideração o peso de cada disciplina na sua prova (coloque mais tempo para as disciplinas mais importantes);
- Procure fazer as revisões com base em questões, filtrando sempre pela banca examinadora e escolaridade;
- Quando errar alguma questão, volte à teoria para revisar o assunto no qual você demonstrou fragilidade ou faça a leitura dos grifos e anotações feitas durante a leitura da teoria;
- Fique à vontade para utilizar estatísticas nesse momento, revisando primeiro o que é mais cobrado em provas;
- Se você sentir necessidade, pode utilizar os resumos feitos por professores, de preferência, para revisar os assuntos com maior possibilidade de cobrança;
- Se você quiser, pode incluir simulados dentro da sua Revisão de Véspera (opcional);
- Por fim, tente deixar pelo menos uma tarde/noite livre antes da prova, para descansar a sua cabeça.

Seguindo esses passos, você tem maiores chances de trazer à memória de curto prazo os assuntos mais relevantes e, assim, fazer uma excelente prova.

PARTE IV

MÉTODO 4.2 DE REVISÃO

O Método

Caro amigo concurseiro, depois de todas essas técnicas de estudo que você aprendeu até aqui, além de conhecer um pouco sobre a minha trajetória, chegou a vez de organizar tudo isso de forma que você consiga aplicar à sua realidade "concursística".

Vou contar como funciona o *Método 4.2 de Revisão,* que eu criei para facilitar a vida de pessoas como você, que almeja um cargo público, a partir da minha experiência em mais de duas dezenas de concursos, que resultaram em mais de uma dezena de aprovações. Um método que simplifica as coisas, voltado para quem estuda pouco ou muito, quem trabalha ou não, quem teve uma boa base escolar/acadêmica ou não, enfim, todo mundo.

Fiz toda a minha preparação para concursos enquanto estudava (ensino médio e superior) e trabalhava (comecei a trabalhar aos 18 anos de idade). Portanto, foi nesse ambiente de "não exclusividade" que desenvolvi o método, que se aplicará a pessoas normais, que estudam para mudar de vida. Se você estuda a partir de duas horas por dia, porque trabalha ou tem outra atividade, sabe muito bem que a mudança de vida está nos estudos, na educação. Se você quer mudar de vida, esse é o método ideal.

O Método 4.2 de Revisão é uma forma sistemática de organização de tempo de estudo, que deve ser distribuído entre teoria, questões e revisão. Esse é o tripé da aprovação. No fim das contas, o que precisamos é: aprender a teoria, revisar para não esquecer e praticar para conhecer as bancas. A partir disso, você conseguirá aprender com qualidade e poderá passar em vários certames. Mas, é claro, tudo dependerá da sua força de vontade e disciplina.

Um dos pontos fortes do método é o foco na repetição. Acredito que seja o fator chave para se buscar a excelência em qualquer atividade. Por isso, vejo com bons olhos o concurseiro que consegue "bater um edital", como eu fazia, e não tem preguiça de voltar a estudar as disciplinas do zero, procurando aprender coisas que ele nem percebeu na primeira leitura.

Faço muitas entrevistas/videoconferências no programa de *coaching* e sempre bato nessa tecla. Precisamos estudar todos os assuntos previstos no conteúdo programático. Com notas de corte tão altas, não podemos nos dar ao luxo de ver apenas os assuntos mais cobrados. O diferencial estará justamente nisso, os alunos que estudam tudo é que conseguem atingir 90% ou mais de nota nas provas. Não se engane. Mas é claro, você não conseguirá ver tudo da noite para o dia. Tampouco estudará todos os assuntos com a mesma intensidade. É preciso ter paciência e estratégia. Precisamos estudar e reestudar os assuntos previstos no edital com qualidade, sem dar à banca qualquer margem para te surpreender na hora da prova.

Portanto, se você tem paciência e consegue trabalhar com a aprovação como algo a médio ou longo prazo, fugindo do imediatismo, esse método é apropriado para você. Você verá como o estudo fluirá melhor dessa forma, o que fará com que "sobre" tempo para você fazer o que é mais importante na preparação: praticar, resolver questões.

Grupos alternados

O Método 4.2 de Revisão é baseado na alternância de dois grupos de disciplinas, assim conseguimos estudar mais disciplinas ao mesmo tempo. Mesmo que o seu edital tenha 20 disciplinas, nem todas serão estudadas ao mesmo tempo. Não seria produtivo. Veremos que a quantidade de disciplinas estudadas dependerá apenas da sua carga horária.

Essa sistemática funciona como uma espécie de gotejamento de assuntos ao longo dos ciclos, fragmentando ao máximo as disciplinas e reduzindo o tempo que você ficará sem ver determinada disciplina quando tirá-la do seu ciclo. Como na maioria das vezes você estudará simultaneamente menos disciplinas do que o total previsto no edital, haverá uma espécie de rodízio entre elas.

É isso mesmo que você leu, nem todas as disciplinas constarão no seu ciclo. Para garantir mais qualidade nos estudos, escolheremos algumas disciplinas que farão parte da sua primeira meta. As demais (que ficaram de fora) entrarão no rodízio à medida que você for concluindo o estudo das que foram escolhidas inicialmente. Não caia na cilada de tentar ver todas as disciplinas ao mesmo tempo, isso não é produtivo.

No método, teremos a cada semana 6 dias de estudo (a semana possui 7 dias, o dia excedente será a sua folga), sendo 4 destinados ao estudo da teoria e 2 destinados à revisão, sempre alternando dois grupos de disciplinas:

TEORIA				REVISÃO	
A	B	A	B	A	B

É importante deixar claro que não há relação entre o primeiro dia do ciclo e o primeiro dia útil da semana, que para a maioria das pessoas é a segunda-feira. Para mim, todo dia deve ser considerado "dia útil" para quem estuda para concursos. Portanto, cada um deve fixar o seu primeiro dia de estudo de acordo com o seu melhor dia de folga. Se, por exemplo, você desejar folgar no domingo, seu primeiro dia deverá ser a segunda-feira.

No entanto, se você trabalha e sabe que sábado e domingo são os melhores dias para estudar, é melhor fixar a sua folga em algum dia da semana. De preferência na sexta-feira, dia em que você já deverá estar muito estressado e cansado da rotina da semana. Eu fazia isso. Como tinha uma rotina intensa, trabalhando e fazendo faculdade de segunda a sexta, em 2010, quando estudava para os concursos de analista, costumava iniciar as minhas metas no sábado. Portanto, sábado e domingo eram sempre os meus dois primeiros dias de estudo da teoria. Como tinha o fim de semana só para estudar, eu sempre conseguia fazer estudo extra. Começava a semana com o pé direito. Segunda e terça-feira eram os dois outros dias de estudo da teoria e quarta e quinta-feira, os dias de revisão. Na sexta-feira, quando eu já estava morto de cansaço, não precisava estudar, pois era a minha folga. Enfim, essa foi a melhor forma que encontrei de organizar a minha rotina. Analise bem a sua e defina a sua folga sempre no dia em que estará mais cansado.

Definido o dia de início (a partir do dia de descanso), alterne os grupos até completar os seis dias do ciclo. Feito isso, avalie seu desempenho na semana, organize seu material para o próximo ciclo e vá descansar.

Defina a sua carga horária

De início, precisamos saber de quanto tempo você dispõe para estudar por dia (não esqueça que estudar é um hábito, uma rotina. É preciso ser algo diário para manter o foco). A partir disso, você identificará a quantidade de disciplinas que serão estudadas por dia.

A quantidade de horas de estudo irá definir, *a priori*, a duração da sua jornada. Eu, por exemplo, estudei a minha vida inteira por volta de quatro horas e meia por dia. Isso porque, como já falei, nunca tive uma rotina "só de estudos".

Aí você pode se perguntar: "mas dá pra passar em algum concurso bom estudando só isso?". Pergunta pertinente, já que estamos na era do "mito das 12 horas líquidas". Costumo dizer que não importa a quantidade de horas que você estuda, mas sim a qualidade que você dá aos estudos. Isso, sim, é importante. Pois bem, com essa carga horária, consegui passar em vários concursos complexos, às vezes com mais de 15 disciplinas no conteúdo programático (como os concursos da Sefaz-PE e do TCE-BA, para o cargo de auditor). Portanto, se você é daqueles que acreditam no mito supramencionado, pare com isso. Você não precisa virar um zumbi para passar em concursos. Precisa apenas ter foco, força de vontade, paciência e usar o Método 4.2 de Revisão.

No entanto, tenha ciência de uma coisa, quando temos pouco tempo por dia, o desafio passa a ser de resistência, isso porque você vai demorar um pouco mais para "girar" as disciplinas que estão no seu ciclo. Naturalmente, passará mais tempo estudando. Quem estuda oito horas líquidas por dia, por óbvio, conseguirá estudar mais (em termos de volume) que uma pessoa que estuda três horas líquidas por dia. Poderíamos até fazer uma tabelinha para auxiliar você a descobrir se a sua jornada é de curto, médio ou longo prazo:

CARGA HORÁRIA DIÁRIA	TIPO DE JORNADA	ESTIMATIVA DE TEMPO ATÉ SE TORNAR COMPETITIVO
Menos de 3 horas por dia	Longo prazo	Acima de 2 anos
Entre 3 e 6 horas por dia	Médio Prazo	Até 2 anos
Acima de 6 horas por dia	Curto prazo	Até 1 ano

Ressalte-se apenas que essa tabelinha não determinará o seu tempo até a aprovação, trata-se apenas de um chute sobre quando você estará competitivo na sua área, a partir da minha experiência no mundo dos concursos.

Distribua os tempos para cada disciplina

O ideal é que você estude cada disciplina por, no mínimo, uma hora e, no máximo, duas horas. Estudar menos que uma hora pode deixar você ansioso, pois vai terminar o estudo muito rápido. Geralmente as pessoas que estudam tempos muito curtos sofrem por achar que não conseguirão ver muita coisa. Realmente, quando você está começando a gostar da disciplina, o tempo acaba. E mais de duas horas pode acabar tirando o seu foco por deixar a mente saturada (vai acabar contando formigas na parede).

Vamos supor que você consiga estudar três horas por dia e o edital que você vai estudar possua 15 disciplinas. Dessa forma, você pode escolher estudar três disciplinas por dia (uma hora cada uma) ou duas disciplinas por dia (uma hora e meia cada uma). Eu sempre gostei de tempos de 90 minutos, porque eu conseguia ler e fazer sempre algumas questões. Era mais produtivo para mim e o tempo por disciplina que eu geralmente recomendo para os alunos que oriento.

Independentemente da quantidade que você escolher para estudar por dia, algumas disciplinas (a maioria, nesse exemplo) ficarão de fora. Nesse caso, à medida que você for encerrando uma disciplina, vendo todos os assuntos, outra que está de fora será inclusa no ciclo. Muito cuidado com esse controle, para não deixar nenhuma de fora por confusão sua. Já vi casos de, por falta de controle, o aluno ver duas ou três vezes uma disciplina e acabar indo para a prova sem ter tempo de ver uma outra disciplina que ele esqueceu de incluir na meta. Por isso, cuidado com esse controle do rodízio.

Eu sei que é chato falar isso, mas tente conter a ansiedade. Mesmo você estudando 8 horas por dia, tendo as mesmas 15 disciplinas a estudar (mantendo o exemplo), não caia na besteira de incluir todas no ciclo. Muitos temas distintos de uma vez só podem acabar te confundindo. Além disso, você sentirá muita dificuldade na hora de organizar as revisões.

Você deve evitar os extremos: não fragmente demais o estudo do seu edital, a ponto de comprometer a retenção do conhecimento pelo excesso de temas estudados concomitantemente; tampouco dedique todo o seu dia a apenas uma única disciplina, pois isso afetará o seu foco. É claro que teremos exceções. Tenho uma aluna que passou para Analista Judiciário do Tribunal Regional do Trabalho da 1ª Região estudando 12 disciplinas ao mesmo tempo. Ela passou nas vagas, com 90% de aproveitamento. Veja o exemplo de fragmentação exitosa. No outro extremo, tenho um amigo que passou no concurso para Procurador do Estado de São Paulo e de Pernambuco, num mesmo ano, estudando apenas uma disciplina por vez. Nesse caso, zero fragmentação. Existem casos raros, mas temos cuidado na hora de extrapolar esse tipo de exemplo.

Tenho meus argumentos para recomendar a fragmentação em tempos de 60 a 120 minutos. Mesmo que você consiga se concentrar na leitura de apenas uma disciplina por muito tempo, você pode ter que ficar tempo demasiado sem ver essa disciplina, já que passará a estudar as demais isoladamente, tendo que percorrer todo o edital até voltar para esta, que foi a primeira disciplina a ser estudada.

Pelo exemplo, se você conseguir ver uma disciplina inteira em um mês, tendo 15 disciplinas para estudar, somente voltará a ver essa disciplina depois de 14 meses de estudo (considerando que você verá, em média, 1 disciplina a cada 30 dias).

Veja que essa metodologia de ver uma disciplina por vez te afastaria de uma das principais ferramentas para a fixação do conhecimento: a repetição.

Eu sempre acho que o aluno deve tentar estudar cada disciplina por até duas horas seguidas, essa é a minha recomendação. Assim ele conseguirá ler uma quantidade boa de páginas por dia de cada disciplina e ainda poderá resolver algumas questões de fixação. Lendo em média 15 páginas por hora e fazendo uma questão a cada 2 minutos (exceto as questões de exatas, que exigem cálculos), você conseguirá, em 2 horas de estudo, dentro do método, ler cerca de 22 páginas e responderá 15 questões. Se você tiver estudado três tempos de 2 horas em um dia, nesse ritmo, terá feito 45 questões e lido 66 páginas. Produtividade excelente. Ao final dos 4 dias de teoria, terá lido 264 páginas e respondido 180 questões. Fora as questões dos dias de teoria. O volume de questões pode chegar, em uma semana, a 540 questões respondidas. É muita coisa! Mas vamos lá, com calma. Vou explicar direitinho como tudo funciona.

Ainda sobre a fragmentação, outra recomendação que sempre dou é que você tente não estudar mais de 6 disciplinas ao mesmo tempo, para que você não se perca ou confunda as ideias na cabeça. Lembrando que você pode ter que colocar disciplinas complexas num mesmo ciclo, como Raciocínio Lógico, Contabilidade Geral e Economia. É bom se resguardar!

Se você tiver 8 horas de carga horária diária, a título de exemplo, tente repetir duas disciplinas todos os dias (vou explicar daqui a pouco que o método é baseado na alternância de grupos de disciplinas, aguenta aí) e alterne outras 4 disciplinas, assim você conseguirá estudar 8 horas por dia sem ter que ler mais de 6 disciplinas diferentes num mesmo período.

A seguir, temos exemplos de distribuição de disciplinas em três distintas cargas horárias:

- Carga horária de 3 horas por dia

GRUPO	DISCIPLINA	TEMPO
A	Disciplina 01	90 minutos
	Disciplina 02	90 minutos
B	Disciplina 03	90 minutos
	Disciplina 04	90 minutos

- Carga horária de 6 horas por dia

GRUPO	DISCIPLINA	TEMPO
A	Disciplina 01	120 minutos
	Disciplina 02	120 minutos
	Disciplina 03	120 minutos
B	Disciplina 04	120 minutos
	Disciplina 05	120 minutos
	Disciplina 06	120 minutos

- Carga horária de 8 horas por dia

GRUPO	DISCIPLINA	TEMPO
A	Disciplina 01	120 minutos
	Disciplina 02	120 minutos
	Disciplina 03	120 minutos
	Disciplina 04	120 minutos
B	Disciplina 01	120 minutos
	Disciplina 02	120 minutos
	Disciplina 05	120 minutos
	Disciplina 06	120 minutos

Percebam que, para não incluir mais de seis disciplinas no ciclo com carga horária de oito horas por dia, que é a minha recomendação, as disciplinas 01 e 02 figurarão tanto no grupo A quanto no grupo B.

Nesse caso, o critério para escolher quais disciplinas serão duplicadas nos dois grupos será o de complexidade e volume de assuntos a serem estudados. Para os meus alunos da área fiscal, geralmente duplico as disciplinas Contabilidade Geral e Direito Constitucional, inicialmente, por exemplo. Quando o aluno tem muita dificuldade em exatas, procuro duplicar as disciplinas de Matemática e Raciocínio Lógico. Tudo depende do aluno.

Por fim, gostaria de deixar claro que tratamos aqui sobre uma recomendação, não tome as coisas como regra. Cada concurseiro deve avaliar a questão da complexidade de cada matéria em relação ao seu histórico de afinidade com a disciplina. O que é difícil para mim pode ser muito fácil para você.

Teoria, questões e revisão

A mágica para conseguir grandes resultados com o método está na distribuição do tempo entre teoria, questões e revisão, conforme já mencionei neste livro, garantindo uma frequência maior de "batidas" do edital. Se você nunca bateu um edital na vida e quer saber como se faz, você está no lugar certo!

O ideal é que o aluno estude a teoria por meio da leitura, pois essa mídia consegue entregar mais conteúdo em menos tempo. No entanto, há situações em que o texto puro não é suficiente para fazer o concurseiro entender o assunto. Nesses casos, recomendo o uso de videoaulas.

Isso mesmo, as videoaulas devem ser vistas como complemento, algo que deve ser usado somente nos casos em que o estudante não consiga compreender o assunto apenas em texto.

As videoaulas geralmente serão a "salvação" quando a disciplina estudada estiver muito longe da formação do concurseiro. Por exemplo, é provável que um matemático tenha um pouco de dificuldade em entender as disciplinas do Direito. Nesse caso, é quase certo que ele vá precisar ver a disciplina em vídeo.

Mas muito cuidado! Veja cada assunto apenas uma vez em vídeo e depois siga apenas com o texto. Outra dica importante: nunca faça o estudo em duas mídias ao mesmo tempo (texto e vídeo), pois o seu progresso ficará muito lento. Por mais que você queira ter mais segurança, estudando o texto e o vídeo ao mesmo tempo, essa dobradinha fará com que você demore muito tempo até reestudar cada disciplina, reduzindo a quantidade de vezes que você consegue rever cada matéria. Isso pode atrasar muito o seu desenvolvimento.

É importante que você dedique sempre um tempinho para fazer questões, pois só assim conseguirá perceber como os assuntos podem ser cobrados em provas. O ideal é que você tente dedicar um quarto do tempo de cada disciplina para o treino em questões e, nos dias de revisão, que serão os últimos dois dias do ciclo semanal, abuse delas. Inclusive recomendo que você comece a revisão já fazendo questões.

Por fim, nada de ficar lendo resumos ou mapas como se não houvesse amanhã. Seja prático! Resolva as questões e revise apenas os assuntos das questões que você errar, porque, se você acertou questões de determinados assuntos, é porque já está com tudo na memória.

Insira questões em todos os dias do ciclo

Pelo Método 4.2 de Revisão, devemos destinar quatro dias para o estudo da teoria e dois para a revisão, que deve abranger todos os assuntos vistos durante os quatro dias de teoria imediatamente anteriores.

O estudo da teoria é o momento em que você irá ler o material em PDF, assistir a videoaulas, ler a lei seca ou ler livros, buscando entender o assunto da vez. É importante registrar que eu não recomendo a sobreposição de mídias (PDF, videoaulas, lei seca ou livros), ou o estudo pode ficar travado. No entanto, precisamos sempre estar em contato com as questões objetivas, para entendermos como o assunto estudado pode ser cobrado em provas. Afinal, esse é o nosso objetivo.

Sendo assim, nos dias de teoria, você deve dedicar 75% do tempo para a leitura ou visualização de videoaulas e 25% para questões de fixação. É dessa forma que conseguiremos sempre alinhar o nosso estudo ao que realmente pode ser cobrado em prova. Evite ficar muito tempo apenas na teoria, sem fazer questões, porque você pode ser levado a estudar coisas que nem são tão importantes para a sua aprovação.

Como estamos nos preparando para um cargo ou área específica, podemos já prever a banca que possivelmente irá organizar a nossa prova. Dessa forma, tente sempre trabalhar com questões da banca, que não sejam tão antigas (no máximo cinco anos atrás) e da mesma escolaridade do cargo pretendido (nível fundamental, médio ou superior). Essas questões que devem ser feitas nos dias de teoria podem ser extraídas do próprio material de estudo.

Nos dias de revisão, inverteremos os percentuais em questão. Nesse momento, você deve separar 75% do tempo para resolver questões e os outros 25% para revisar o material estudado. Sempre recomendo que o aluno parta logo para as questões, deixando para ler a teoria, grifos, anotações ou resumos (prontos) apenas em relação às questões que errar. Dessa forma, temos como avaliar o quanto de informações estamos retendo.

Como as revisões sempre estão distantes do estudo da teoria, pois compreendem assuntos vistos há dois ou quatro dias, acabamos fazendo uma espécie de "minissimulado", restrito aos assuntos estudados na semana/ciclo. Essas questões passam a representar verdadeiros testes dirigidos, que acabam sinalizando para a necessidade de reestudo dos assuntos vistos, sempre que os percentuais se mostrarem insuficientes.

Além disso, recomendo sempre que as questões feitas nos dias de revisão sejam extraídas de algum *site* de questões, como o Tec Concursos, pois assim saímos do ambiente da aula, onde temos a teoria alinhada aos exercícios contidos do próprio material.

Trago a seguir um exemplo de divisão de tempo entre teoria e questões de fixação em um ciclo com carga horária de seis horas por dia (dias de teoria):

GRUPO	DISCIPLINA	TEMPO	TEORIA/QUESTÕES
A	Disciplina 01	120 minutos	Leitura + 10 questões
	Disciplina 02	120 minutos	Leitura + 10 questões
	Disciplina 03	120 minutos	Vídeo + 10 questões
B	Disciplina 04	120 minutos	Vídeo + 10 questões
	Disciplina 05	120 minutos	Leitura + 10 questões
	Disciplina 06	120 minutos	Leitura + 10 questões

Do mesmo modo, apresento a seguir um exemplo de divisão de tempo entre questões de teste e revisões em um ciclo com carga horária de seis horas por dia (dias de revisão):

GRUPO	DISCIPLINA	TEMPO	TEORIA/QUESTÕES
A (revisão)	Disciplina 01	120 minutos	30 questões + revisão que errar
	Disciplina 02	120 minutos	30 questões + revisão
	Disciplina 03	120 minutos	30 questões + revisão
B (revisão)	Disciplina 04	120 minutos	30 questões + revisão
	Disciplina 05	120 minutos	30 questões + revisão
	Disciplina 06	120 minutos	30 questões + revisão

Registre-se que estamos sempre trabalhando os tempos em minutos. Dessa forma, temos 10 questões para fazer nos dias de teoria, que demandariam cerca de 30 minutos para serem respondidas, seguindo a nossa média de 3 minutos por questão. Nos dias de revisão, recomendo que as 30 questões sejam feitas como se fosse simulado, o que demandará 90 minutos, em média. Deixe para revisar as questões erradas ao final da lista de questões respondidas. Por fim, considere feita a revisão sobre as questões que você acertou. Afinal, você só acertou porque fixou bem o assunto.

Controlando o conteúdo programático

Mais importante do que seguir um ciclo é saber o que você já estudou até o momento. Pode acreditar, tem gente que nunca bateu um edital por isso. Como não sabe até onde já estudou, fica sempre voltando ao início quando ocorre alguma descontinuidade nos estudos ou depois que faz alguma prova. É aquele aluno que só vai até a metade do curso e volta ao início, nunca conseguindo chegar à aula final.

Para resolver esse problema, passe a assinalar assunto por assunto estudado, assim você consegue controlar o seu avanço no conteúdo programático. Existem várias formas de fazer isso, mas eu sempre fazia da seguinte forma: pegava o edital anterior, copiava e colava o conteúdo programático em um arquivo "word" e passava um marca-texto em cada assunto à medida que ia concluindo o estudo da teoria. Existem algumas opções mais "gourmetizadas", como os editais verticalizados, mas eu sempre prefiro o mais fácil, prático e direto. Procuro dedicar todo o meu tempo ao que interessa: os estudos.

Com o passar do tempo, fui percebendo que "pintar" esse conteúdo programático era algo que me motivava. Afinal, era ali que eu percebia a minha evolução em termos de acúmulo de conhecimento.

Uma coisa muito importante nesse processo é saber que você não precisa partir sempre do zero. Seguindo a filosofia do estudo incremental, você deve sempre transportar as marcações de um conteúdo programático para outro, se estiver fazendo concursos em sequência. Por exemplo, todas as marcações que eu fiz no edital da Controladoria-Geral do Maranhão foram transportadas para o conteúdo programático que passei a marcar para o concurso do Tribunal de Contas da Bahia, nas matérias comuns, claro. Esses são concursos que fiz e passei em sequência, conseguindo bater o edital de ambos, de forma incremental.

Percebam a importância de enxergar a preparação para concursos como um processo contínuo. Nada se perde!

Como responder questões de assuntos incompletos

O Método 4.2 de Revisão tem como uma de suas premissas a fragmentação do estudo das disciplinas em tempos que variam de 60 a 120 minutos, via de regra. No entanto, alguns assuntos podem demandar horas de estudo, excedendo até mesmo a soma dos tempos de estudo da teoria de um ciclo.

Vamos ao seguinte exemplo: imagine que você consiga ler 15 páginas por hora (60 minutos), não mais que isso. Se você tem, em uma semana, 2 tempos de 120 minutos para o estudo da teoria de determinada disciplina, dos quais 25% (30 minutos) de cada tempo devem ser destinados às questões de fixação, restarão, durante esse período, 180 minutos (3 horas) líquidos para leitura do material. Assim, levando em consideração que a sua velocidade de leitura é de 15 páginas por hora, você terá a capacidade de leitura semanal de 45 páginas (3 horas multiplicadas pela sua velocidade de leitura). Dando continuidade ao exemplo, imagine que você está estudando um assunto que está escrito em 75 páginas, e que você não consegue ter conhecimento suficiente para fazer questões antes de ler todas essas páginas (não há subdivisões nesse assunto). Dessa forma, você precisará de 5 horas de estudo para ler as 75 páginas sobre esse assunto (quantidade de páginas dividida pela velocidade de leitura). Ou seja, o tempo que você tem para o estudo da teoria de uma determinada disciplina, em uma semana (3 horas), é insuficiente para ver todo esse assunto, que demanda 5 horas de leitura. Logo, em alguns momentos, durante o processo de aprovação, você não terá como fazer as questões de fixação dos dias de teoria, talvez não terá nem como fazer questões nos dias de revisão. Nesse caso, siga estudando a teoria.

Mas cuidado, isso não é regra. A maioria dos assuntos permite que façamos questões mesmo sem ter concluído todo o tópico no material em PDF, videoaulas ou livro, isso porque é comum identificar "subassuntos" dentro deles. Um exemplo é o estudo do subassunto "atos normativos", que está contido no assunto "atos administrativos". Nesse sentido, mesmo não tendo visto todo o conteúdo de "atos administrativos", é possível identificar e responder questões sobre "atos normativos".

Não é demais repetir, tudo é questão de bom senso. As "regras" aqui expostas devem servir apenas como guia. Você, assim como eu, pode criar seu próprio método. Não existe fórmula mágica, tampouco regra universal. As coisas que aqui escrevo foram formatadas de acordo com a prática que adquiri fazendo provas, entre acertos, tentativas e erros.

Sempre que alguém passar algum método ou modelo para você, aplique, faça o teste. O que irá dizer se ele funciona ou não é o resultado que você conseguirá com a sua aplicação.

Quais disciplinas estudar primeiro

Como já vimos anteriormente, a distribuição das disciplinas obedecerá à quantidade de horas líquidas que você consegue estudar. Nem sempre você conseguirá "correr" com todas as disciplinas ao mesmo tempo, algumas terão que ficar na espera, aguardando a conclusão de outra que está no ciclo.

Imagine que você tem que estudar Português, Direito Administrativo, Direito Constitucional, Raciocínio Lógico, Informática, Direito Civil, Direito Penal, Contabilidade Geral, Auditoria, Economia e Administração Financeira e Orçamentária (AFO). São onze disciplinas que compõem o núcleo duro das disciplinas da área escolhida, mas você só tem quatro horas e meia por dia.

Nesse caso, você terá que eleger algumas como as primeiras a serem estudadas logo no início da preparação. Para isso, você precisará analisar algumas características de cada disciplina, como complexidade, extensão do conteúdo no edital, capacidade de retenção (se você consegue reter por mais ou menos tempo) etc.

Quando eu ia montar meu ciclo, procurava iniciar os estudos com as disciplinas nesta ordem:

- as que são mais recorrentes nos editais de concursos da minha área;
- as que possuem maior peso na composição da nota final do concurso;
- as que eu conseguia reter por mais tempo, com muitos assuntos no edital; e
- as que não demandavam muita "decoreba".

O nível de "decoreba" está diretamente relacionado à quantidade de fórmulas e convenções/codificações que baseiam a disciplina. Direito Civil, por exemplo, é uma disciplina que exige muita "decoreba". A relação dessa disciplina com o Código Civil é muito estreita, você praticamente tem que decorar o texto do Código. Por isso, eu sempre deixava Direito Civil para um segundo momento.

Por outro lado, Direito Constitucional era uma disciplina que sempre estava nos meus ciclos iniciais, por ser cobrada sempre nos concursos na minha área e por eu ter mais facilidade em retê-la por mais tempo.

A lógica dessa questão de você conseguir reter por mais ou menos tempo uma disciplina é a seguinte: tempo que estudar um número restrito de disciplinas. Logo, algumas ficarão de fora em determinado momento. Sendo assim, as disciplinas que você estudar no início da preparação, caso você só consiga ver uma vez até a prova, estarão mais distantes da prova do que as demais. É por esse motivo que devemos levar essa característica em consideração na hora de montar o nosso ciclo.

A seguir temos um exemplo de como realizar a distribuição das disciplinas:

GRUPO	DISCIPLINA	TEMPO	TEORIA/QUESTÕES
A	Português	90 minutos	Leitura + 8 questões
	Constitucional	90 minutos	Leitura + 8 questões
	Administrativo	90 minutos	Leitura + 8 questões
B	Contabilidade	90 minutos	Leitura + 8 questões
	AFO	90 minutos	Leitura + 8 questões
	Economia	90 minutos	Leitura + 8 questões

Nesse caso, foram escolhidas as disciplinas Português, Direito Administrativo, Direito Constitucional, Contabilidade Geral, Economia e Administração Financeira e Orçamentária (AFO) para compor o ciclo inicial, ficando de fora dos estudos, por ora, Raciocínio Lógico, Informática, Direito Civil, Direito Penal e Auditoria.

Essas disciplinas ficarão na espera até que alguma outra disciplina saia do ciclo atual. Sempre que outras disciplinas forem inclusas no ciclo, devem-se utilizar os critérios expostos para eleger qual deverá entrar no ciclo, assim garantimos um "rodízio" em que sempre serão priorizadas as disciplinas mais importantes para a sua aprovação.

Por fim, controle o progresso em cada disciplina no conteúdo programático e substitua as concluídas por outras que ficaram de fora.

Batendo o núcleo duro

É muito importante que o estudante consiga bater o núcleo duro de questões antes de se aventurar em provas. Ele pode até fazer algum certame como treino, mas as suas chances começarão a surgir quando, no mínimo, ele estiver bem no núcleo duro.

No título anterior, dei um exemplo de núcleo duro para uma área hipotética, que deverá ser estudado inúmeras vezes (se os percentuais de acerto em questões não estiverem em uma margem aceitável) até que o estudante consiga estar preparado para avançar nas demais disciplinas, aquelas específicas.

Sinta-se bem em relação ao núcleo duro quando o seu percentual de acerto geral em questões estiver na casa dos 80%, a partir daí as coisas começarão a ficar mais fáceis para você. Ah, mas não se esqueça de uma coisa, você precisará reestudar essas disciplinas indefinidamente, até que consiga a sua aprovação.

As disciplinas básicas para a sua área são aquelas em que você não pode ser mediano, porque todo mundo vai acertar quase 100% delas na prova, é o seu "feijão com arroz". Por isso, nada de querer ficar fazendo manutenção por questões ou resumos, pois nessas disciplinas você não pode ser mais ou menos.

A sua condição diante do núcleo duro é que dirá se você é um concurseiro iniciante, intermediário ou avançado. Se você ainda estiver batendo o núcleo duro ou já tiver visto uma vez, mas não atingiu os 80% de acerto, considere-se iniciante; se você já estiver com um percentual de acerto geral na casa dos 80% no núcleo duro, já o estudou duas vezes, pelo menos, e atingiu mais de 80% nas específicas, considere-se intermediário; agora, se você já viu o núcleo duro mais de uma vez e está na casa dos 90% de acerto, considere-se concurseiro avançado.

Perceba algo em comum nesses três níveis de concurseiro: ter domínio sobre o núcleo duro é fundamental!

Revisão geral em questões (RGQ)

Vamos à pergunta que mais me fazem sobre o Método 4.2 de Revisão: "Professor, quando vou revisar de novo o assunto que vi na primeira semana de estudo?".

Veja bem, o meu método tem como pressuposto a não supervalorização das revisões, que acaba por deixar o estudo muito mais lento. Não concordo com a realização de revisões a cada 24 horas, 7 dias ou 30 dias, como é amplamente difundido por aí, justamente por achar que há um excesso de revisões.

Eu sempre preferi correr para bater o edital e voltar ao início, refazendo todo o percurso, justamente por achar que na segunda ou terceira leitura eu conseguirei perceber muito mais coisas, os assuntos passam a se encaixar melhor, tudo começa a fazer sentido. Dessa forma, não faz sentido ficar preso a uma única "passada" de edital.

Mas algumas pessoas sentem a necessidade de rever pelo menos mais uma vez, antes de bater o edital, os assuntos já estudados. Nesse caso, recomendo que sejam feitas Revisões Gerais em Questões (RGQ) a cada sete ou oito semanas de estudos, por meio de questões, como se fosse uma Revisão de Véspera, da qual tratamos na segunda parte deste livro.

Dessa forma, para aqueles que sentem necessidade, caberia uma RGQ na oitava semana de estudo, compreendendo a revisão em questões de tudo aquilo que foi estudado da primeira à sétima semana. Da mesma forma, teríamos outra RGQ na 16ª semana de estudo, sobre os assuntos vistos da 9ª à 15ª semana. E assim sucessivamente.

Reforço, no entanto, que esse é um procedimento que foge à regra, portanto, não é obrigatório. Eu recomendo que você estude de forma contínua, até bater o núcleo duro (quando ainda estiver formando a base – concurseiro iniciante) ou quando bater o edital (para concurseiros intermediários e avançados).

Volte ao início

Nesse nosso último título, gostaria de deixar uma mensagem muito importante para você: nunca devemos nos sentir completos, acabados, quando o assunto for "estudar". É preciso ter humildade para saber que sempre temos algo a perceber, dificilmente estaremos 100% em todos os assuntos.

Uma analogia que sempre gosto de fazer é com os atletas de artes marciais. Imagine um atleta de uma arte marcial em que a primeira faixa é a branca e a última, a preta. Para subir de grau, mudar de faixa, o atleta deve ser submetido a um teste, no qual ele executa alguns movimentos que dizem respeito ao seu grau atual. A partir da observância da execução desses movimentos é que o mestre julgará se o atleta pode ou não mudar de faixa.

Seguindo com o exemplo, vamos supor que o atleta conseguiu mudar de faixa, saindo da branca para a amarela. Nesse caso, no próximo exame de faixa, o mestre cobrará do atleta que ele execute os movimentos da sua faixa atual, a amarela, bem como os da faixa anterior, a branca. Percebam que o mestre não se preocupa apenas com o *status* atual do aluno, ele quer saber se aquele atleta ainda mantém a sua base sólida.

Esse tipo de exame é feito até que o atleta chegue à faixa preta, devendo demonstrar o domínio completo da arte marcial, não apenas daquilo que aprendeu em sua faixa atual. É importante que o atleta faixa preta tenha humildade para executar os movimentos lá do início da jornada.

Assim deve ser no mundo dos concursos, o concurseiro faixa preta deve ter humildade para voltar à aula 00, na qual geralmente se encontram os assuntos introdutórios de cada disciplina. Pois é assim que ele conseguirá formar a sua base e manter elevado o seu grau de acúmulo de conhecimento.

Quando você bater seu edital por completo, volte ao início. Estude-o novamente. Não fique fazendo revisões infinitas, tampouco estudando apenas por questões. Precisamos sempre voltar a ver a teoria, nosso cérebro precisa estar sempre em contato com os textos originais, só assim você manterá a sua faixa preta.

PARTE V

ESTUDO ATIVO INTELIGENTE

Estudo Ativo Inteligente

Antes de começarmos a falar sobre o Estudo Ativo Inteligente, é primordial que você saiba diferenciar o que seria um estudo ativo e um estudo passivo.

Acredito que a grande maioria dos concurseiros sabe diferenciar, mas se você não sabe... vai aprender agora!

- Definições: você sabe o que é estudo ativo e estudo passivo?

O estudo passivo é aquele em que o concurseiro atua apenas como receptor de informação. Ele apenas recebe de forma contínua e não realiza atividades que o façam agir, interagir ou se apresentar como protagonista do próprio estudo.

A bem da verdade, o estudo passivo é aquele que a maioria de nós realizou durante toda a nossa vida quando: transcrevemos o que a "tia" passou no quadro; assistimos uma videoaula; escutamos um *audiobook*; ou fazemos uma leitura sem grifar, anotar ou qualquer coisa do gênero.

O estudo passivo, por natureza, é fácil de ser executado. Ele não exige que o receptor das mensagens exerça uma condição de protagonista; você é mero figurante e recebe o máximo de informações que conseguir.

Justamente por ser fácil de se executar, ele cansa menos e demora menos. Acontece que nessa forma de estudo, aplica-se muito bem aquele famoso ditado: "Tudo que vem fácil, vai embora fácil."

Por não estimular seu cérebro a ser um processador de ideias, mantendo-o como mero receptor, o aprendizado não é fixado na sua memória de longo prazo e você acaba tendo de estudar um número maior de vezes para aprender algo.

Sendo assim, acho que já deu para perceber que:

O estudo passivo é o que obtém
o menor rendimento do seu tempo.

É claro que há momentos em que o estudo passivo poderá te ajudar, nenhuma forma de estudo é em vão e não quero que você pense isso. Contudo, posso afirmar com convicção que em 90% dos casos o aprendizado do estudo ativo será infinitamente superior ao do estudo passivo, e o único exemplo que pode garantir os outros 10% está nas videoaulas.

Quem me conhece sabe que recomendo ao máximo o estudo pela leitura, mas tenho que fazer justiça e reconhecer que em certos casos a videoaula ajuda o aluno a entender, e isso acontece porque o professor tem maior liberdade didática para explicar o assunto e acaba proporcionando uma visão diferente sobre o tema.

Feita a ressalva necessária, peço encarecidamente que você, concurseiro, só opte pelo estudo passivo quando a coisa estiver realmente feia e o conteúdo não entrar na sua cabeça, ok?

Superado o estudo passivo, vamos esclarecer o que seria o estudo ativo.

Saindo da zona de conforto e entrando na zona de confronto

No estudo ativo o aluno é constantemente obrigado a sair de sua zona de conforto e isso ocorre porque é nele que você promove atividades que estimulam seu cérebro a recordar ou forçar a memorização, saindo da figura de mero receptor passivo da informação e passando a ser um protagonista ativo do seu aprendizado.

É exatamente o que ocorre quando você: dá uma aula ou explica a matéria para alguém; cria um mapa mental de algo que já estudou, mas sem consultar aquele conteúdo antes; resolve questões e faz um estudo reverso; realiza a leitura fazendo interação com o material, escrevendo breves comentários ou grifando para criar gatilhos na memória; inventar tabelas e mnemônicos; *flashcards*, ANKI etc.

Quanto mais você estimula o seu cérebro com reflexões, diálogos e explicações próprias, mais você aprende com o seu conteúdo.

Grande exemplo disso é que, costumeiramente, você encontrará professores que lançam frases do tipo: "Eu só senti que realmente havia aprendido a matéria depois que ministrei minha primeira aula."

Sabe por que isso ocorre? Porque o ato de ensinar alguém é o estudo ativo em sua excelência, uma vez que o professor precisa imaginar como irá transmitir aquele conhecimento com as palavras dele e possibilitar, que nesse caminho, o aluno aprenda o que lhe é repassado.

Perceba que todas as atividades mencionadas até agora envolveram reflexões ou até mesmo diálogos do concurseiro com seu material e terceiros, e não é à toa que essa característica pode ser notada, ela é a base de tudo!

Portanto, fique bem atento durante seu estudo e busque ao máximo realizá-lo de forma ativa. Não se esqueça que:

Toda vez que você não estuda ativamente,
você atrasa o seu aprendizado.

Atrasando seu aprendizado, consequentemente
você atrasa a sua aprovação.

- Definições: o estudo ativo inteligente

Conforme expliquei no tópico anterior, você sempre deve buscar um estudo ativo para otimizar os seus estudos. Uma vez que você já sabe a diferença entre o estudo ativo e o passivo, te apresentarei agora um aprimoramento à sua forma de estudo.

O que chamo de "Estudo Ativo Inteligente" envolve realizar o estudo ativo de uma forma consciente e crítica, coisa que nem sempre ocorre quando você se preocupa apenas em como ser o protagonista, ou como não ser um mero receptor.

Digo isso porque a maioria dos concurseiros não se atenta aos detalhes, não sabe como se posicionar frente a uma matéria nova, não sabe aproveitar ferramentas, não sabe métodos para resolver questões etc.

Um dos indicativos da ausência de criticidade está nos resumos, que geralmente são utilizados por concurseiros que acreditam que basta sair criando resumos e está tudo certo, pois se você está escrevendo, isso já basta como estudo ativo.

Já aviso, não é bem assim! rsrs.

Aprenda a aprender

Se você já realiza um estudo ativo, garanto que vai ser muito tranquilo aplicar o que chamo de "Estudo Ativo Inteligente", porque, na verdade, a diferença para se chegar a esse modelo é basicamente pensar criticamente durante o estudo.

Sim, é só isso mesmo. Quem me conhece sabe que não vendo milagres, não tem segredo milenar. Só estou pedindo para você refletir!

Para realizar um "Estudo Ativo Inteligente", você deve ter uma postura ativa, utilizar as ferramentas que ampliam sua eficiência, reduzir os problemas que atrasam seu estudo, fazer muitas questões, largar os resumos de lado e optar por formas mais pontuais de revisão ou criação de materiais. Vale quase tudo que te ajude a pensar e não o mantenha meramente em uma atividade mecânica passiva.

Além disso, você precisa ter em mente:

- **A tecnologia é uma poderosa aliada.**
- **Não posso ter medo de fazer questões.**
- **Tenho de ter meus objetivos bem definidos.**
- **Não posso ter uma postura negativa para meus estudos.**
- **Não tenho de criar material para tudo.**
- **Não faz sentido criar um material de algo que não possuo dificuldade simplesmente porque preciso revisar depois; a marcação já serve para isso.**
- **Não tem por que perder tempo fazendo um material de algo que você pode comprar. Existem inúmeros materiais no mercado que já podem abordar diversos temas, como é o caso dos "Mapas da Lulu", "Legislações Esquematizadas" e tantos outros.**
- **A efetividade deve sempre valer mais que a beleza.**

Ter ciência dos pontos que mencionei acima é o primeiro passo para a adequação ao Estudo Ativo Inteligente, pois inicialmente você precisa mudar a sua própria visão sobre a forma que estuda.

Feito isso, o próximo passo será encontrar as ferramentas que melhor se adequam ao seu estilo de aprendizado.

O seu estudo deve seguir um processo de melhoria contínua, pois ao longo do tempo os problemas relacionados ao seu estudo irão se alterar, não dá para dizer que a preocupação de quem faz 70% é idêntica a daqueles que fazem 90%, são situações completamente diferentes e que exigem abordagens distintas para obtermos uma solução eficaz.

Sendo assim, aplique o seu Estudo Ativo Inteligente constantemente e se autoavalie sempre, buscando a melhor forma de obter um custo-benefício entre desempenho e tempo de estudo.

Para finalizar este capítulo, deixo a seguinte reflexão de Betha Serique:

> Aprenda a aprender, não existe nada tão perfeito
> que não possa ser melhorado...

Fazendo um Estudo Ativo Inteligente

No capítulo anterior, vimos que o concurseiro alcançará novos patamares de produtividade caso comece a pensar criticamente sobre o seu estudo.

Não tenho dúvidas de que qualquer um de vocês busca esse aumento da produtividade, mas considerando que você já se dispôs a aprender mais e está buscando os conhecimentos deste *ebook*, sem dúvida alguma já deve ter se perguntado:

> Ao que eu realmente preciso me atentar para conseguir tudo isso? Qual é o "bizu"/"dica" para saber que estou no caminho?

Como eu já expliquei que não existe segredo milenar da carochinha, agora vem a hora de colocarmos a mão na massa.

Você verá que este modelo de estudo se trata muito mais de um hábito, do que de uma mera ferramenta genérica de aprendizado. Digo isso porque pretendo mostrar diversas posturas, ferramentas e atividades que considero essenciais para a realização do estudo.

Ressalto que todas as recomendações aqui contidas poderão ser executadas por **qualquer pessoa**, isso mesmo, **qualquer pessoa**, então não ceda às dificuldades que eventualmente irão surgir no desenvolvimento deste método.

- Cozinheiro reclamão.

Imagine um cozinheiro que tem poucos ingredientes e faz a comida reclamando o tempo inteiro. Agora pense em outro cozinheiro, com as mesmas habilidades e circunstâncias, mas que faz a comida com o pensamento de que vai dar o melhor de si para fazer dentro das suas possibilidades. Qual comida você acha que sairá mais saborosa?

O primeiro passo para um bom estudo depende da sua postura durante a jornada acadêmica, não falo da corporal (que também é importante para evitar problemas de saúde), mas sim da postura mental diante da disciplina a ser estudada.

Todos sabem que certas disciplinas são mais fáceis e outras são mais difíceis, mas o que nem todo mundo sabe é que geralmente a coisa fica difícil por uma resistência do próprio concurseiro.

Nosso cérebro trabalha por impulsos nervosos e as sinapses são realizadas a todo momento para determinar o que você fez, faz ou fará durante as atividades do seu dia a dia.

O que determina as suas sinapses, na maioria dos casos, são os seus comportamentos e o ambiente ao seu redor, e elas naturalmente se potencializam quando você executa atividades que estimulam o aprendizado, mudanças de comportamento e a sua motivação para realizar algo.

Uma vez que o seu comportamento e o seu ambiente influenciam diretamente as suas atividades, digo com toda certeza: **você precisa ficar atento ao que repete para si mesmo.**

Não vou entrar naqueles papos de "crenças limitantes", "motivação", "auto--hipnose" etc. Não é meu foco ou especialidade e não tenho a pretensão de passar isso para vocês. Indo direto ao ponto, o que desejo é que você:

PARE DE REPETIR QUE UM TEMA É DIFÍCIL.

PARE DE IR ESTUDAR RECLAMANDO QUE NÃO GOSTA DA MATÉRIA.

PARE DE PULAR MATÉRIA SÓ PORQUE NÃO GOSTA DELA.

PARE DE QUERER ESTUDAR APENAS AS MATÉRIAS FAVORITAS.

Eu sei que todo mundo já fez/faz isso em algum momento do estudo, se foi algo muito esporádico não precisa ficar se culpando e digo que é até normal, porque tem dias que a gente não está com a mente legal, não existe um ser humano que tenha 100% dos dias perfeitos.

O problema é que tem concurseiro que faz isso sempre e acha que está enganando alguém, quando na verdade ele só está se sabotando.

Você já tem milhares de concorrentes nos certames, mas se sabotando assim, o seu grande inimigo estará sempre em você mesmo.

Para te ajudar com esse problema, peço que você exercite diariamente o que vou te passar, seja antes, durante ou depois do estudo. Eu sei que é difícil mudar esses vícios, mas garanto que essa simples atividade vai melhorar bastante o seu desempenho a longo prazo.

Repita para si mesmo frases como:

A matéria é fácil e os outros podem achar difícil, mas eu tenho confiança que vou aprender.

Eu vou aprender a matéria *insira aqui o que desejar*, porque quero ser aprovado no concurso.

Posso estar com dificuldade, mas eu vou superar e vou aprender.

Esse tema pode ser difícil, mas se os outros conseguiram eu também consigo aprender!

Essa é a hora que provavelmente vai ter gente falando:

"Ai Barbosa, que negócio mais bobo".

Pode até parecer, mas te garanto que o estímulo do "vou conseguir" te trará benefícios muito maiores que o do "isso é difícil demais pra mim".

Nosso cérebro faz coisas incríveis quando
você acredita que é possível.

Se quiser saber um pouco mais sobre o que falei nesse tópico, busque estudos sobre a Programação Neurolinguística – PNL, tem muita coisa interessante.

E lembre-se: A escolha é sua, só você pode escolher se irá ou não continuar comendo o prato do "cozinheiro reclamão".

- Estudando nas nuvens.

Esse tópico é mais tranquilo, quero apenas orientar que você **pare de fazer tudo manuscrito.**

Abuse dos recursos tecnológicos que você tem a sua disposição, seja o Foxit Reader para grifar/anotar/rabiscar nos PDFs; aceleradores de vídeo no Youtube; pacote Office para escrever/organizar seus estudos; EstratégiaCast para ouvir quando não dá para estudar; *sites* para criar "mapas mentais"; sistemas de nuvem para armazenamento etc.

Eu sei que muita gente não consegue largar o vício dos cadernos e da impressão, seja pelo hábito ou pela falta de contato com a computação, mas peço que se esforcem para usar cada vez mais os recursos tecnológicos que você tem.

Digo isso por questões de praticidade mesmo. Você já tem uma dezena de materiais para estudar e isso só aumenta com o tempo, inevitavelmente vai ficar difícil encontrar algo com rapidez. Também é importante mencionar que, pelo menos que eu saiba, não tem como executar Ctrl + F (busca) no material escrito rsrs.

Além da organização, outro problema sério que você vai ter que se preocupar é o espaço para armazenar tudo sem estragar. Se não bastasse o problema em casa, temos ainda o problema quando você precisa viajar para fazer provas, que veio tomando proporções ainda mais sérias após essa limitação de bagagens pelas companhias de transporte.

Um dos meus *coaches* relata que antes de entrar no programa de *coaching* ele fez a prova da SEFAZ RS e, como teve de ir um pouco antes por questões de preço e economia na viagem, resolveu levar alguns materiais para estudar na semana.

Na hora de organizar o material escrito, que era pouco, ele se deparou com o problema do espaço na mala. No caso dele, foi obrigado a deixar alguns materiais escritos para trás e o problema foi parcialmente resolvido com um *tablet* que pegou emprestado com um amigo, no qual conectou o sistema de nuvem que ele já possuía e teve acesso aos materiais.

Vejam só, a sorte dele é que já havia migrado para o meio digital, por meio do sistema de nuvem, e um amigo possuía um *tablet* para emprestar, imagine só ficar uma semana na véspera da prova sem revisar porque não tem como pagar bagagem extra para levar uma mala só com os seus manuscritos? Não dá mais para viver assim no século XXI, não é mesmo?

Se você não se importa com nada disso, então meu último aviso sobre o não uso da tecnologia vai atacar diretamente o seu bolso. Você já fez a conta da quantidade de dinheiro gasto com papel, tinta e cadernos?

Imagine só imprimir todos os PDFs das disciplinas básicas. Você teria de gastar folhas para 18 PDFs de Direito Constitucional, 18 PDFs de Direito Administrativo, 20 PDFs de Português e 22 PDFs de Matemática e Raciocínio Lógico.

Contando apenas 60 páginas de teoria por PDF, nós temos 4.680 páginas para imprimir. Pegando o preço médio de uma resma de 500 folhas a R$ 20,00 (vinte reais), significa que você vai gastar aproximadamente R$ 187,20 (cento e oitenta e sete reais e vinte centavos) só com as folhas, quem dirá quanto mais vai com tinta, grampos, encadernação etc.

Considerando tudo o que disse neste tópico, peço encarecidamente que repense sobre isso e comece a aproveitar as vantagens do meio digital. Inclusive, recomendo a utilização de sistemas de nuvem. É sensacional ter acesso ao seu material de estudo em qualquer lugar do planeta e a qualquer hora do dia.

Cada provedor de acesso a nuvem tem suas vantagens, os mais utilizados são Google Drive, OneDrive (Office 365) e Dropbox, mas também há outros e fica a seu critério escolher o que cabe mais no seu bolso.

Se for adquirir mesmo, busque aqueles "cartões-chave" que são vendidos por grandes varejistas, geralmente você encontra até 50% de desconto em relação ao preço anunciado no *site* do provedor do serviço e não tem diferença alguma na forma que ele será prestado.

- É praticando que se aprende.

Acredito que a grande maioria que está lendo este livro me conhece e sabe que sou um grande defensor do estudo por questões. Então serei objetivo: nada do que eu falar nesse *ebook* irá funcionar sem que o concurseiro separe um tempo para resolver questões.

Algumas pessoas acreditam que o estudo da teoria é o momento mais importante do estudo. Eu ouso discordar.

Para mim, não existe momento mais importante do que a resolução das questões e afirmo isso com base na célebre frase de William Thomson:

> "Aquilo que não se pode medir, não se pode melhorar".

É com o termômetro das questões que você verifica o que aprendeu, quais são as suas fraquezas, no que precisa melhorar e como isso deve ser feito.

Pense com sinceridade, o que adianta estudar várias vezes a teoria se você não fizer questões e não conseguir saber como está seu desempenho? Em concurso público, passa aquele que leu mais ou aquele que acertou mais questões da prova?

Tudo bem que você vai aprender muita coisa com a teoria, não estou falando que é algo inútil, mas já parou para pensar como esse estudo sem questões é desnecessariamente desgastante?

Todo concurseiro sabe, ou pelo menos deveria saber, que as bancas examinadoras possuem preferências temáticas e raramente cobram todos os pontos do edital.

Em virtude dessa constante repetição, é comum aplicarmos o "Ótimo de Pareto" no estudo para concursos, de forma a alocar o melhor estudo possível nos conteúdos que satisfaçam o "Princípio de Pareto", que é a constatação de que 80% do conteúdo que já foi objeto de prova pode estar em apenas 20% do esforço sobre um tema.

Não faz sentido estudar a teoria cegamente,
sem saber como está sendo cobrado.

Quando você estuda sem as questões, inevitavelmente irá perder tempo com temas que possuem incidência ínfima nas provas e ainda correrá o risco de ficar com aquele temor de que "Ai minha nossa! Será que o tema Y é importante? Será que devo dominar esse ponto?".

Digo que você terá esses temores porque o concurseiro que faz poucas questões não sabe sobre os percentuais de incidência do tema e, por consequência, acha que precisa se preocupar com tudo.

"Então tá, Barbosa. Ok. Eu vou fazer muitas
questões. Por onde eu começo?"

Inicialmente, você precisa saber filtrar a sua amostra de questões, e para fazer isso terá que definir qual o seu objetivo com a bateria de questões.

"Ah, meu objetivo é fazer 90%."

Não, não rsrs. Não é disso que estou falando. Durante o estudo com questões, acertar o máximo possível é o resultado desejado, é a meta a se alcançar, e não o objetivo.

O seu objetivo, realizando um estudo por questões, deve ser definido com base em um dos 3 pontos abaixo:

1) Fazer questões para conhecer/revisar um tema.

2) Fazer questões para se atualizar em um tema.

3) Fazer questões para conhecer o perfil da banca.

Para esclarecer as diferenças, confira a tabela que elaborei:

OBJETIVO NA RESOLUÇÃO DE QUESTÕES	COMO FUNCIONA?
Conhecer/Revisar um tema	• Seleciono uma amostra representativa de questões sobre um assunto. • Evito repetições em excesso. • Uso questões de todas as bancas.
Atualizar um tema	• Seleciono uma amostra representativa de questões atuais/do ano sobre um assunto. • Evito repetições em excesso. • Uso questões recentes de todas as bancas.

OBJETIVO NA RESOLUÇÃO DE QUESTÕES	COMO FUNCIONA?
Conhecer perfil da banca	• Seleciono o maior número possível de questões de uma banca examinadora específica. • Uso a repetição para obter dados sobre a incidência do tema nas provas. • Utilizo apenas questões da banca examinadora do meu certame.

Eu acredito que a grande maioria dos concurseiros executa naturalmente os três pontos, mas fazendo isso de forma inconsciente você acaba desperdiçando uma excelente oportunidade de aprendizado.

O seu estudo precisa estar sempre focado no alto desempenho, portanto, se repetir demasiadamente um tema ou escolher mal as suas questões, isso irá afetar diretamente a qualidade da sua amostra e você demorará mais para extrair um percentual de acertos que se mantenha durante a prova.

Executando a sua resolução de questões com um desses três objetivos que mencionei, garanto que o seu aproveitamento será muito maior, pois você conseguirá traçar um propósito para aquela atividade, poderá escolher melhor as questões, e, de quebra, não haverá desperdício de tempo e energia em questões que trarão um retorno baixo.

Antes que alguém entenda errado, já esclareço que não estou falando que a resolução de algumas questões é algo inútil, não é isso. O que quero dizer é que você deve gastar seu tempo com uma amostra inteligente, não adianta nada ficar fazendo questões de Magistratura enquanto você estuda para um cargo de nível médio do INSS, por exemplo.

Outro ponto importante é que você precisa saber diferenciar o tipo de questão que deve resolver naquele momento do seu estudo. Para definir isso, costumeiramente divido as questões em "Questões de Fixação" e "Questões de Teste", você sabe a diferença?

As Questões de Fixação são aquelas que você realiza em conjunto com a leitura da teoria, é muito comum encontrá-las no meio dos PDFs da matéria, pois, geralmente, nós professores intercalamos a teoria com questões de forma a mostrar para o aluno como aquele tema vem sendo cobrado nas provas.

Além dessa intercalação no PDF, você também estará resolvendo Questões de Fixação quando finalizar o estudo da teoria e seguir imediatamente para as questões do tema, uma vez que esta forma de resolução reforça a teoria na sua memória, serve como estudo de forma ativa e atua como termômetro preliminar do quanto você aprendeu com a teoria, de forma a ditar de imediato se existe a necessidade de ler novamente o que foi estudado.

"Peraí, mas por que preliminar?"

Veja só, embora a resolução de questões sirva sempre como termômetro do seu aprendizado, seria forçoso dizer que o seu resultado após a leitura do tema reflete o percentual real de aprendizado obtido.

Digo isso porque a matéria está totalmente fresca na sua cabeça, então é natural que você acerte mais sobre o tema, coisa que não se repetirá no momento da sua prova.

Sendo assim, afirmo com toda certeza: seu resultado positivo após o estudo sempre será superior ao real, diferentemente do resultado negativo que serve como alerta que você não aprendeu mesmo o tema.

Uma vez que você, concurseiro, conseguiu se sair bem nas Questões de Fixação (+70% de acertos), passa-se, então, para a segunda fase do seu estudo: Você utilizará esse resultado preliminar para se habilitar na resolução das "Questões de Teste".

As Questões de Teste seguem uma metodologia um pouco diferente daquelas utilizadas para a fixação, digo isso porque a primeira diferença fundamental da Questão de Teste é que você não vai sair resolvendo qualquer questão, mas sim uma lista selecionada de questões que você ou um professor considera relevantes para a sua revisão.

Esse tipo de questão, como o próprio nome já diz, serve para testar o quanto você realmente aprendeu sobre o tema, portanto, são utilizadas nas revisões e servem como verdadeiro termômetro do seu aprendizado, uma vez que são aquelas assertivas que propiciam o maior potencial de revisão e avaliação do que foi estudado.

Perceba que inicialmente você deverá realizar as Questões de Fixação, para que só então siga para a resolução das Questões de Teste, sendo este um pré-requisito fundamental para que não ocorrera um bloqueio na retroalimentação nas suas listas de questões.

Pense só, como você vai selecionar Questões de Teste se não está conseguindo ir bem nem nas Questões de Fixação? Seria ilógico imaginar que alguém não consegue responder bem algo e ainda quer definir o que priorizará futuramente, não é mesmo?

É exatamente por isso que você sempre deve realizar aquela análise preliminar dos percentuais, pois o resultado positivo dela indicará que você está pronto para prosseguir sem precisar fazer uma releitura do material naquele momento.

Por fim, para auxiliá-lo nesse tema, deixo abaixo um pequeno fluxograma com a sequência de passos do estudo por questões:

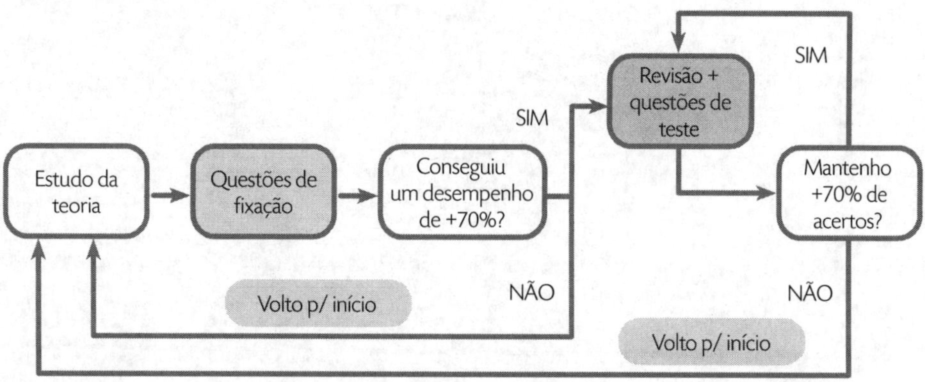

Lembre-se sempre:

Faça a sua escolha de questões com base em um objetivo; defina parâmetros para um nível idêntico ou, pelo menos, similar ao que você irá enfrentar; observe o padrão existente entre as bancas; busque materiais que te auxiliem a tirar dúvidas sobre o que está caindo; e, acima de tudo: **NÃO TENHA MEDO DE ERRAR!**

Sabendo tudo o que expliquei nesse capítulo, somando ao que virá no próximo, tenho absoluta certeza de que você vai ultrapassar os outros candidatos rapidamente, pois agora aproveitará ao máximo as atividades do seu estudo.

Faça amor, não faça resumo

No capítulo anterior nós mencionamos algumas práticas importantes que você precisa ficar atento para realizar um Estudo Ativo Inteligente, contudo, aviso desde já que tudo aquilo pode ser seriamente comprometido se você continuar executando as velhas praxes que irei expor neste momento.

Fique atento a tudo que vou expor nesse capítulo, analise, reflita e pense bem sobre o que irei apontar aqui.

Ao longo do período de estudos de um concurseiro, é normal que diversas dúvidas comecem a surgir e passemos a conviver diariamente com algumas indecisões do tipo: como vou revisar?; como devo marcar meu tempo?; como irei grifar?; qual meu percentual de acertos?; será que estou pronto para o concurso?; farei resumos ou não?; quanto tempo é necessário para ser aprovado?; como posso estudar?; e tantas outras que, se listadas, provavelmente fariam deste artigo uma grande monografia.

Dentre todas as questões rotineiras do estudo para concurso, a que mais escuto é, sem dúvida alguma, esta:

Afinal, eu devo ou não produzir os "benditos" resumos?

E eu respondo tranquilamente que: **você não tem de fazer resumos!**

Iiih, lá vem o Barbosa criticar os meus resumos...

Calma lá! Não é isso não, nesse capítulo gostaria de ter uma conversa diferente sobre os motivos que me levam a acreditar que **você não tem de fazer resumos!**

Veja bem, antes de começarmos, quero que você faça um exercício de memória e lembre-se das suas aulas de ensino médio e fundamental, focando no que você fazia durante a explicação dos professores(as) ao longo da vida escolar. Fez isso? Agora responda com sinceridade:

Nessas memórias você estava, em boa parte do tempo, copiando o que a "tia" estava ditando ou escrevendo no quadro, certo?

Acredito que a resposta da grande maioria será **sim,** e pretendo abordar alguns aspectos relacionados a esse fato, mas se por acaso você respondeu não: Parabéns, você fez parte de algum método de ensino alternativo e até peço que me envie comentários, é sempre enriquecedor conhecer a experiência de vocês.

Agora, voltando para a maioria...

É muito comum que grande parte dos concurseiros que começa a estudar opte por fazer resumos, separe aquele caderno imenso para disciplina "x", faça o estudo do PDF pela primeira vez e já comece a resumir, escrevendo simultaneamente e, em alguns casos, fazendo aquela cópia quase literal (eu sei que vocês fazem isso).

Já parou para pensar como esse resumo é extremamente parecido com o que você sempre fez no seu ensino fundamental ou ensino médio? Que você pode estar fazendo isso apenas porque foi assim que "a tia" te ensinou?

A pedagogia acompanha a evolução da sociedade e hoje já é possível encontrar diversas críticas sobre o método de ensino mecanizado ou com transcrição pura dos ensinamentos do professor, inclusive muitos ressaltam justamente a diferença entre aprendizado real e a transcrição que estimula apenas a memória de curto prazo.

Ressalto que, embora não seja pedagogo, consultei alguns profissionais sobre esse tema e observei em alguns textos que não há um consenso sobre grandes vantagens na utilização desse método.

Em diversos casos, encontrei respostas que enfatizavam a sua utilização como maneira de manter o melhor controle e atenção da sala de aula nas mãos do professor, ainda que isso acarretasse uma prática menos didática.

Longe de mim criticar os professores de ensino fundamental e ensino médio que utilizam isso, cada um tem seus motivos; mas pense bem, concurseiro:

Por que VOCÊ, que está estudando sozinho,
seguiria um método de resumos inspirado em
uma prática mecânica de transcrição como essa?

Entendo que é completamente compreensível que o concurseiro siga inicialmente por esse caminho, afinal de contas, você provavelmente o utilizou durante o ensino fundamental, médio e até mesmo no superior, todavia, peço que você reflita sobre essa utilização no estudo para concursos:

Você realmente acredita que esse tipo de estudo
é o mais eficaz?

Veja bem, não estou aqui para bater o martelo e dizer que um método é válido ou inválido, quem sou eu para decidir ou taxar algo assim, mas quero que você reflita sobre a sua forma de aprendizado:

1) você não está apenas executando uma praxe antiga, que não é a ideal para o seu perfil de aprendizado?

2) você realmente precisa transcrever algo para aprender?

3) você vai conseguir revisar rapidamente com um resumo enorme?

4) você realmente conseguiria fazer um resumo excelente logo após o seu primeiro estudo da matéria?

Antes de escolher um método, acredito que o concurseiro deve analisar algumas variáveis como essas que mencionei acima, sob pena de cometer o maior dos pecados no estudo para concursos: o desperdício de tempo.

Falo em desperdício de tempo, pois constantemente recebo mensagens e vejo histórias de alunos que fizeram resumos imensos, gastaram uma quantidade considerável de tempo e, posteriormente, perceberam que seu material possuía vários pontos desnecessários ou que simplesmente faltava algo.

É muito difícil acertar de primeira!

Quando se está no início de qualquer estudo, é natural que tudo pareça importante ou que o concurseiro acredite que todos aqueles temas são constantemente objeto de prova, afinal de contas, leva um tempo para conhecer o perfil das bancas, saber o que vem sendo tendência ou até mesmo aprender que certos temas não são objeto de cobrança direta, servindo apenas como pré-requisito para compreendermos melhor um tema.

Pensando em tudo isso que falei, quero agora convidá-lo a fazer uma comparação.

O que você acredita que será mais produtivo:

Pegar um resumo pronto ou mapa mental do professor para seguir adiante com a matéria, **ou** fazer seu próprio resumo sem ter um conhecimento avançado do tema?

Acredito que a primeira opção sempre será a melhor e repito o que venho falando em alguns vídeos do meu canal:

"Veja bem que audácia, você achar que pode fazer um resumo melhor que o do professor."

Caso queira saber melhor sobre o vídeo, você pode acessá-lo por esse *link* ou escaneando este QR code ao lado: https://youtu.be/KIl0G7Ar4Zo

Como fugir dos resumos?

Considerando tudo o que foi dito até agora, imagino que alguns já entenderam que eu não sou contra toda a forma de resumo, mas que apenas não concordo com a velha praxe, que chamo de "fazer resumo por fazer", onde o aluno se sente obrigado a produzir um resumo, pois acredita que não dá para aprender de outra forma que não seja pela transcrição, copiando o que o professor falou ou escrevendo sem ao menos raciocinar a razão pelo qual está copiando aquilo.

Para auxiliá-lo a fugir disso, recomendo sempre que:

Compre o tempo de quem tem competência para fazer um bom resumo, não gaste o seu tempo à toa.

Quando você inicia essa prática de "fazer resumo por fazer", você acaba "deixando de lado" inúmeras formas de estudo ativo em detrimento de uma atividade meramente mecânica e demorada, o que, possivelmente, não te trará resultados tão eficientes.

Dessa forma, peço que você repita para si mesmo que:

VOCÊ NÃO TEM QUE FAZER RESUMOS.

VOCÊ PODE ESCOLHER!

Existe uma diferença muito grande entre "deve e poderá".

Quando se trata de estudar, você não está obrigado a nada além de sentar a sua bunda na cadeira, se planejar e se concentrar. Portanto, busque sempre ir além com a melhor forma possível.

Estudo Ativo Inteligente × Resumos

Separei este espaço especialmente para apresentar uma simulação que exemplifique a comparação entre o Estudo Ativo Inteligente e o método de resumos. Vamos lá?

- Comparativo entre formas de estudo: Simulação.

Para realizar esse exemplo, considero os seguintes parâmetros de um aluno médio:

- Tempo de leitura com grifos: 4 min por página do material.
- Tempo de leitura sem grifar, apenas criando resumo: 150% do tempo de leitura.
- Tempo para criar o esquema simples: 50% do tempo de leitura.
- Média de aprendizado na leitura: 70% do que foi lido foi compreendido, os outros 30% são aqueles temas que o aluno tem muita dificuldade e fará o esquema.
- Material utilizado: Curso de Direito Tributário – Fabio Dutra, Estratégia Concursos.
- Tema: Obrigação Tributária e Fato Gerador

RESUMOS	ESTUDO ATIVO INTELIGENTE	
Leitura e resumo: 12 páginas × 6 min = 72 minutos = 1 hora e 12 minutos	Leitura com grifos: 12 páginas × 4 min = 48 minutos.	Esquemas: 12 pg. × 30% = 4 pg. 4 páginas × 2 min = 8 minutos.
Total= 72 minutos/1 hora e 12 min.	**Total= 56 minutos.**	

Perceba que ao realizar um comparativo bem superficial, em que inclusive considerei uma média de aprendizado boa para uma disciplina como essa, temos uma diferença de 16 minutos entre um método e o outro, isso com apenas 12 páginas.

O curso em questão possui 14 PDFs, com uma média de 80 páginas de teoria por aula, o que totaliza 1.120 páginas de puro conteúdo! Vamos ver como isso ficaria de uma forma média?

RESUMOS	ESTUDO ATIVO INTELIGENTE	
Leitura e resumo: 1.120 páginas × 6 min = 6.720 minutos = 112 horas	Leitura com grifos: 1.120 páginas × 4 min = 4.480 minutos = 74 horas e 40 min.	Esquemas: 1.120 pg. × 30% = 336 pg. 336 páginas × 2 min = 672 minutos =11 horas e 12 min.
Total= 6.720 minutos/ 112 horas.	**Total= 5.152 minutos/85 horas e 52 min.**	

O que significa que nós teremos em economia de tempo:

6.720 – 5.152 = 1.568 *minutos economizados*

1.568 *min.* = 26 horas *e* 8 *minutos economizados*

Imagine isso em um concurso com 10 matérias, você terá mais de 261 horas economizadas ao fazer um Estudo Ativo Inteligente!

- Comparativo entre formas de estudo: Tabela de Prós e Contras.

Visando mostrar outra perspectiva, confiram a tabela que elaborei para vocês.

RESUMOS	ESTUDO ATIVO INTELIGENTE
PRÓS	**PRÓS**
• Teoricamente, se você não for iniciante, você tem um bom material para revisar sem precisar ler todo o PDF novamente. • Costuma ajudar quando nada funcionou. Ele pode ser usado como última ferramenta para "aprender na marra".	• Economia de tempo. • Estimula a memória fotográfica nas revisões. • É possível criar mais gatilhos mentais usando palavras-chave, diferentemente dos resumos que te forçam a escrever mais. • É mais fácil abordar temas pontuais. Ex.: Diferença entre Hipótese de Incidência e Fato Gerador. • Se feito corretamente, gera uma revisão mais rápida e um material mais limpo. • Existem muitos alunos e professores que elaboram em seus materiais. Por isso, é bem provável que você nem precise confeccioná-los, porque já vai encontrar algum muito bom com o que você precisa.
CONTRAS	**CONTRAS**

• Demanda um tempo enorme para ser confeccionado.
  ○ Como você não grifou o PDF porque estava produzindo o seu material, vai precisar ler tudo de novo quando reestudar algo no PDF.
  ○ Se você marcou o PDF e fez o resumo, você provavelmente terá gastado 2× o tempo.
• Você, ainda assim, vai ter muita coisa para ler. Além disso, provavelmente haverá muitas páginas de temas que já estão bem sedimentados na sua cabeça ou que não são tão relevantes. Novamente, vai perder tempo.
• O seu resumo pode não ter ficado suficientemente bom, porque você era inexperiente com o tema.
• Risco de ele ficar grande demais porque você achou que tudo era importante (não tinha feito muitas questões).
• Você quer fazer resumo de tudo e acaba demorando muito para encerrar uma disciplina.
	• Praticamente não há. A única desvantagem é que você não vai possuir um material de toda a disciplina, o que não classifico como algo ruim, já que você economiza tempo. Essa "falta" pode ser compensada com mais questões.
	• Pode causar alguma confusão, isso se você não fizer com atenção ou simplificar demais, ao ponto de o gatilho mental não funcionar.

Acredito que após essa explicação, ficou bem claro que o estudo por resumos deve ser substituído para possibilitar um ganho de desempenho e uma melhor aplicação do Estudo Ativo Inteligente.

Sendo assim, convido-o a conhecer o capítulo final no qual irei lhe ajudar a substituir os resumos e mostrar que é possível estudar com eficiência e dinamismo, revisando e aprimorando seus materiais.

Ferramentas para um Estudo Ativo Inteligente

Para finalizar as orientações sobre a implementação do Estudo Ativo Inteligente, veremos agora as ferramentas que você pode utilizar para fugir de uma vez de todos os problemas que mencionei no capítulo anterior.

Existem diversos exemplos de "mapas mentais" para concursos e não pretendo elencar todos, pois seria pouco prático, portanto, aviso desde já que esta é uma apresentação exemplificativa das ferramentas que vislumbro um maior custo-benefício para a sua preparação.

- Orientações básicas.

Sinta-se livre para experimentar outros modelos, mas fique atento aos princípios básicos que todo material desse tipo precisa ter:

- **Deve ser algo rápido, seja na elaboração ou na revisão.**
- **Deve ser algo prático, não tem muito sentido criar coisas mirabolantes que só vão te confundir.**
- **Deve forçar você a pensar, nem que seja por meio de abreviações. Não basta simplesmente transcrever.**
- **Deve ser utilizado naquilo que você tem dificuldade, não é necessário fazer para todos os temas.**

Outro ponto importante, é que o ideal para saber se você precisa ou não criar um material próprio é, acima de tudo, o termômetro da sua dificuldade com o tema.

Está errando muito, já olhou outros materiais e resumos, a coisa não entra na sua cabeça de forma alguma e você sente aquele sentimento "entendeu ou quer que eu desenhe?". Então nesse caso, desenhe! Crie algum material em que você explique para si mesmo aquele tema, pode ser mapa mental, fluxograma, tabelas, chaves dicotômicas, organograma, diagramas, *flashcards* etc., só fique atento ao seguinte:

Não precisa ser bonito, basta ser efetivo para a sua dificuldade!

Digo isso porque muita gente faz uns materiais bem deslumbrantes, mas não adianta nada se você não o ler, certo? Se em você bate aquele toque incontrolável de vê-lo todo feio e isso te atrapalhar muito na hora de estudar, ok, dá uma maquiada rápida nele fora do seu tempo de estudo.

Se não for o caso... pare de perder tempo com isso!

Agora que você já sabe os cuidados que precisa tomar, vamos à nossa listagem.

Ressalto que apresentarei a versão digital de todas as ferramentas, mas isso não significa que você deve fazer do jeito que pretendo mostrar.

Se para você é mais proveitoso fazer tudo isso rabiscando uma folha A4 ou metade dela, sinta-se à vontade para fazer tudo à mão e não gastar seu tempo quebrando cabeça com a versão digital.

Por outro lado, se você prefere a versão digital, eu só peço atenção para não gastar muito tempo confeccionando-os, bem como atenção para não se tornar um acumulador de materiais.

É muito fácil criar esquemas no meio digital, isso acaba possibilitando que você crie coisa demais e facilmente se torne um acumulador. Não é o que desejo para você, ok?

São formas de implementar um "Estudo Ativo Inteligente" a criação de:

- Tabelas

As tabelas são uma ótima ferramenta para os casos em que você busca criar comparativos entre elementos de um tema, ou simplesmente elencar aspectos sobre um tema específico, de forma a caracterizar diversos pontos.

Veja um exemplo:

PRINCÍPIO DA ANTERIORIDADE	PRINCÍPIO DA ANTERIORIDADE NONAGESIMAL
LEI CRIA/AUMENTA TRIBUTO EFICAZ NO ANO SEGUINTE AO DE SUA PUBLICAÇÃO.	LEI CRIA/AUMENTA TRIBUTO EFICAZ APÓS 90 DIAS DA DATA DE SUA PUBLICAÇÃO. (Pode ultrapassar o ano ou não)
NÃO SE APLICA AOS TRIBUTOS: II, IE, IPI, IOF, Imposto Extraordinário, Empréstimos Compulsórios decorrentes de guerra ou calamidade pública, Contribuições sociais da Previdência Social.	**NÃO SE APLICA AOS TRIBUTOS:** II, IE, IR, IOF, Imposto Extraordinário, Empréstimos Compulsórios decorrentes de guerra ou calamidade pública
EFICÁCIA ≠ VIGÊNCIA Aplicam-se de forma cumulativa, salvo nos casos de aplicação das exceções.	

Uma boa tabela não deve ser carregada de informações, perceba como inseri diferenças e ao mesmo tempo coloquei pontos em comum na última linha, use sua criatividade e cores diferentes para exceções, isso ajuda a sua memória fotográfica.

- Fluxogramas:

O estudo por meio de fluxogramas é ideal para temas que possuem uma sequência de tarefas ou procedimentos de um processo. Você pode utilizá-los também para ter uma visão macro do tema e perceber como ele funciona em um aspecto mais amplo.

Recomendo seu uso no estudo de temas como Processo Administrativo Tributário, em que você possui uma sequência de atos entre o protocolo de impugnação e a prolação da decisão.

Para mostrar que também é possível aplicá-los fora de temas processuais como esse, veja o exemplo abaixo em que criei um fluxograma sobre o tema Domicílio Tributário.

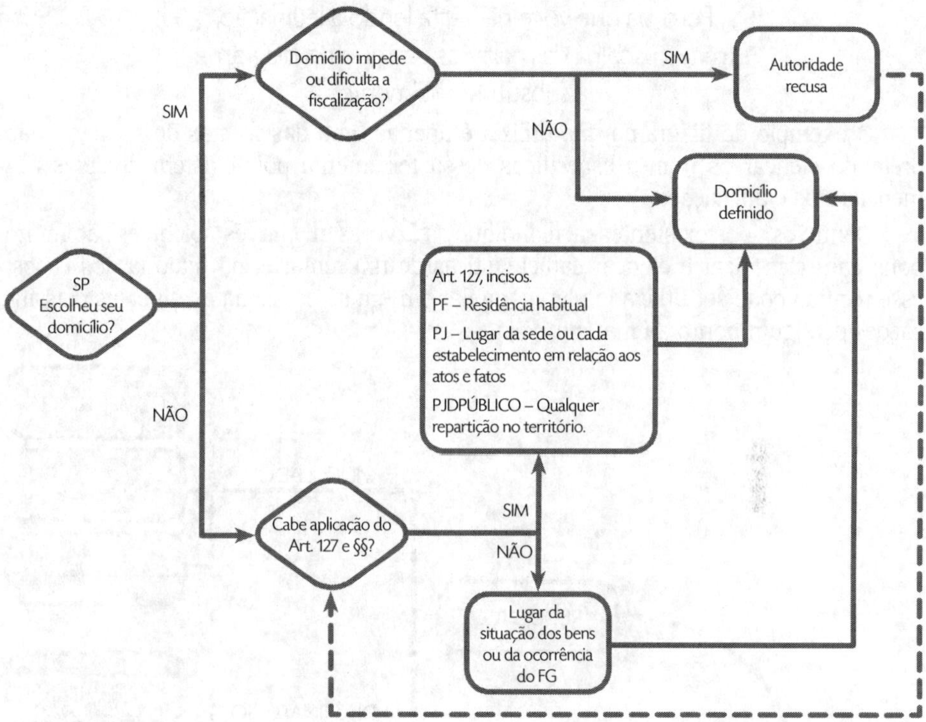

- Diagramas:

O diagrama é uma ótima forma de resumir um tema sem perder muito tempo, pois ele permite reduzir artigos de uma lei a pequenos esquemas com palavras, desenhos e setas que direcionam a sua revisão.

A vantagem do diagrama é que ele pode ser rapidamente montado com meia folha A4, alguns rabiscos e palavras-chave, o que te permite criar uma espécie de "bizu" para consultas rápidas, seja no carro, no ônibus, antes da prova, ou naquele horário que você não conseguiria estudar, mas pode dar uma folheada nos diagramas para fixar algo.

Assim como nos demais, o segredo para um bom diagrama está nas palavras-chave que irão ativar o seu cérebro durante o estudo. Veja:

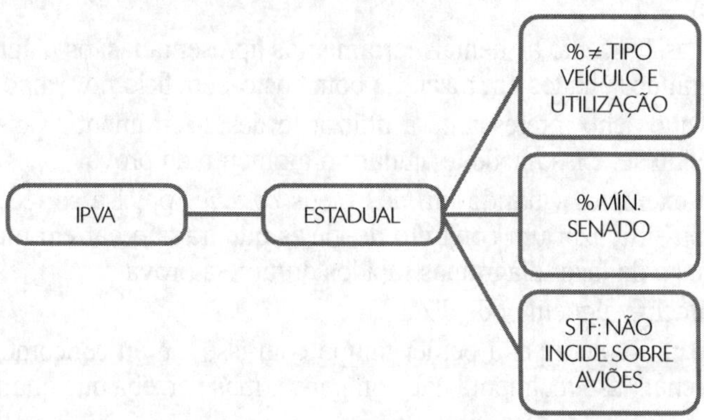

Perceba que você não está lendo a legislação,
mas a escolha das palavras corretas no diagrama
a substituiu facilmente.

O exemplo de diagrama que utilizei é apenas uma das formas de se fazer, não pretendo elencar os nomes específicos dessa ferramenta pois existem diversas nomenclaturas e aplicações.

Dentre os tipos existentes, acredito que as árvores ou chaves/colchetes são muito bons para classificar e elencar características de um tema, e, na maioria dos casos, esse recurso pode ser utilizado para compilar em um só esquema as diversas classificações de algum ponto da matéria. Veja:

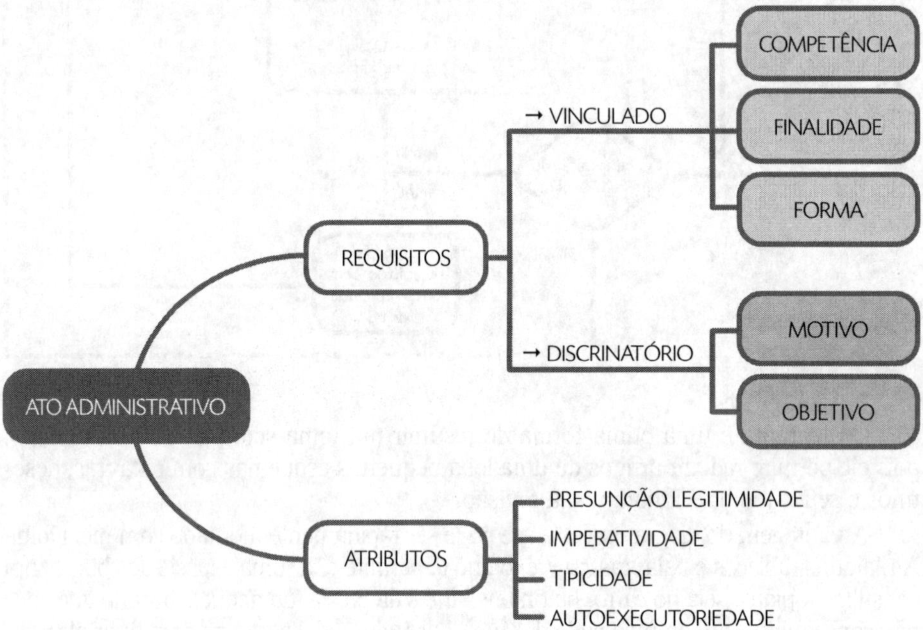

Imagine só um diagrama, como esse do exemplo anterior, abordando as classificações das Constituições. Seria bem útil no estudo desse tema difícil e penoso, não é mesmo? (rsrs)

No geral, assim como as demais ferramentas apresentadas, os diagramas podem servir como grandes aliados em razão do bom custo-benefício no tempo gasto.

Ressalto que acho interessante a utilização desta ferramenta, pois ela exercita seu poder de síntese, e isso pode te ajudar no momento da prova.

Quer um exemplo? Quando um dos meus *coaches* precisa se recordar de uma classificação ou sintetizar um conjunto de ideias que irá abordar em uma prova discursiva, ele gosta de fazer diagramas rápidos durante a prova.

Provavelmente alguém pode dizer:

"Ah mas não vale a pena perder tempo com isso", e eu concordo que se você demorar para criar, isso realmente não compensa, mas perceba que quanto mais você pratica a velocidade na criação desses diagramas, mais rápido você os fará e isso acaba se potencializando em uma ótima ferramenta para não se perder na tensão da prova, uma vez que você esquematiza o seu tema e consegue bolar uma linha cronológica para o raciocínio.

Reitero que os diagramas apresentados têm uma forma digital, bonitinha e coloridinha, mas você não precisa necessariamente fazer dessa forma.

Esse *coache* que mencionei tem o hábito de fazer à mão, sem muita beleza ou linhas retinhas, ele foca no que é essencial para criação e revisão com o diagrama:

Se alguém deseja utilizar as ferramentas digitais que utilizei na criação dos diagramas, basta usar o Word no pacote Office; ou acessar o https://www.mindmeister.com; ou utilizar quaisquer outros *sites* e/ou ferramentas similares. Na internet você encontrará para todos os gostos.

- Organogramas:

Assim como o fluxograma, imagino que só pelo nome você já consegue ter um palpite da utilidade dessa ferramenta, certo?

Os organogramas auxiliam na revisão de estruturas organizacionais, com hierarquia, divisões etc. São úteis quando você precisa estudar a composição de qualquer órgão ou entidade.

No seu estudo, é altamente recomendado que você faça organogramas para revisar esses temas e criar uma visão ampla do conteúdo, já que não é novidade para ninguém que temas como esse costumam ter vários artigos, incisos, alíneas, parágrafos etc., o que torna o estudo bem cansativo e consome muito tempo durante a revisão.

Para exemplificá-los, vou recorrer ao mais clássico de todos os organogramas de direito constitucional:

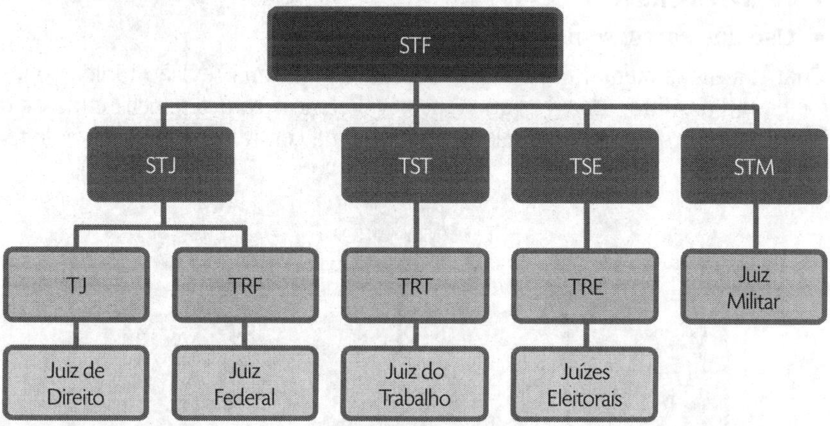

Novamente, utilizei o pacote Office para criar esse exemplo. Você poderá encontrá-lo nas SmartArts.

- Mapas Mentais:

Eu sei que muitos devem estar se perguntando:

"Como assim mapas mentais? E as outras ferramentas que você já mostrou? Não eram mapas mentais?"

Calma (rsrs), vou explicar melhor.

É comum que os concurseiros chamem qualquer esquema, diagrama, organograma ou similares, pela nomenclatura "mapa mental". Isso porque assim como ocorre com o "Bombril" e o "Gillette", a nomenclatura "mapas mentais" passou a generalizar as outras ferramentas de representação, organização e estudo.

Desse modo, peço que você entenda que todos os outros tópicos seriam "Mapas mentais em sentido amplo", enquanto este, em específico, trata-se dos "Mapas mentais em sentido estrito". Ok?

Feita a explicação inicial, aviso que continuarei usando as nomenclaturas corretas para não confundir a cabeça de vocês. Se você quiser chamar tudo de palitinho, bolinha, mapa mental, bizu ou qualquer coisa do gênero, fique à vontade! Não vejo problema algum desde que você faça bom uso das ferramentas.

Relaxa, eu sei que você já tem muita coisa pra memorizar e que o "nome do mapa mental" não está nas suas prioridades rs.

Vamos lá, como funciona esse tal de Mapa Mental?

A utilização da ferramenta pede um cuidado maior para detalhes que potencializam a sua revisão, são eles:

- **Ideia central no balão/caixa do meio.**
- **Sentido horário.**
- **Palavras-chave.**
- **Uso das cores, se possível.**

Criar um mapa mental pode ser interessante para uma revisão rápida sobre elementos de um assunto, uma vez que é possível elencar características curtas e informações relevantes que possuam relação com o tema central no balão/caixa de texto.

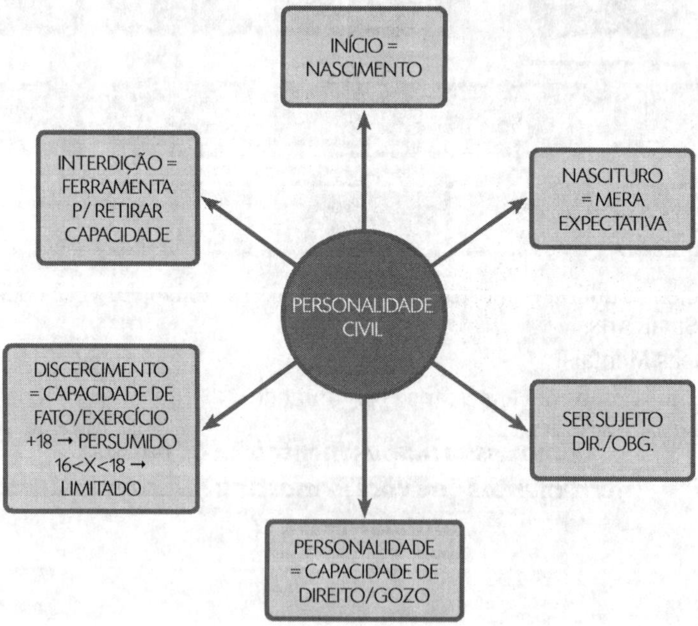

Esteja sempre atento ao tempo gasto para fazer esse tipo de material, ok?

O mapa mental, em sentido estrito, toma um tempo maior no momento da criação, isso porque você precisa dosar bem a quantidade de informação que pretende inserir, ou ele vai ficar todo torto, esquisito e provavelmente te deixará desconfortável na leitura.

Esse mapa mental foi criado no *site* www.mindmeister.com, mas você também pode encontrar outras formas de criá-lo nas SmartArts do pacote Office, em outros *sites* da internet ou até mesmo fazer no papel.

Dentre todas as ferramentas que apresentei, acredito que essa é a que possui o maior número de opções prontas no mercado, então espero que vocês sigam o conselho que dei anteriormente e só optem por criar algo se realmente não encontrar algum material pronto e feito por profissionais que entendem do assunto.

Não fique fazendo materiais e perdendo **tempo!** Lembre-se:

O tempo é o bem mais precioso do concurseiro.

Lembre-se de que existem duas formas de desperdiçar o seu tempo, procrastinando ou não utilizando um bom método de estudo. Acredito que, após essas contas, ficaram bem cristalinas as desvantagens que vejo nesse estudo por resumos. De todo modo, cabe a você concurseiro escolher qual se adequará melhor à sua necessidade!

PARTE VI

VISÃO GERAL

Por que é interessante estudar para concursos?

Convido você a fazer uma reflexão sobre os motivos que te levaram a estudar para concursos públicos. Caminho que requer desprendimento, persistência, resiliência, foco, força de vontade e muita paciência.

É interessante levar em consideração que, se você ainda não é servidor público, ter um cargo público pode significar uma verdadeira revolução na sua vida. Isso mesmo, muita coisa tende a mudar em termos financeiros, de carreira, de qualidade de vida, de responsabilidade e, principalmente, de realização como profissional. E é isso que faz muita gente "deixar um pouco de lado" a vida social para se dedicar a algo tão difícil.

Lembrando que nem só de benefícios vive o homem, temos também que entender que o fator "vocação" conta muito na hora da escolha da carreira a ser seguida. Mas esta é uma coisa que a gente só descobre depois da posse, que é quando realmente entendemos como o órgão funciona, o que de fato precisamos fazer e como o nosso trabalho tem reflexos na sociedade. Mas, enquanto a sua posse não chega, não se preocupe tanto com isso. O mais interessante é saber que essa vocação não é imutável. Eu mesmo passei por isso, achava que minha vocação era ser militar. Foi preciso que eu me tornasse militar para entender que não era isso que eu queria para a minha vida. Mudei. Então entrei para o Poder Judiciário como Analista, mas também cheguei à conclusão de que ainda não era aquilo. Mudei de novo.

É por isso que existem concurseiros que já são concursados, que podem estar em busca de um novo cargo por inúmeros motivos: vocação, remuneração, local de exercício etc. Eu mudei de cargo quatro vezes até achar o meu lugar no mundo do serviço público.

A seguir, abordaremos os principais pontos que devem ser observados quando se está pensando em entrar para o serviço público.

QUANTO GANHA UM SERVIDOR/EMPREGADO PÚBLICO?

Esta é uma pergunta que desperta muito interesse. Afinal, o salário do servidor, na maioria das vezes, será a sua principal fonte de renda. Portanto, o salário acaba sendo a única origem de receita que deve cobrir todas as despesas da casa: moradia, alimentação, transporte, lazer etc.

Dessa forma, saber quanto se quer ganhar é um dos primeiros pontos para a escolha do cargo ou área para a qual se deseja estudar.

É sabido que a média das remunerações do funcionalismo público é superior à média das remunerações dos empregados do setor privado. Sem adentrar no mérito da questão, é fato que este é um ponto que desperta bastante interesse naqueles que desejam ser concursados. Por si só, esse fato já é responsável por grande parte da procura por um cargo público.

Como ninguém pode ganhar menos que um salário mínimo, este também é o piso remuneratório dos servidores públicos, geralmente pagos a cargos de nível fundamental, como serventes de pedreiro e auxiliares de serviço gerais, cargos presentes nas estruturas administrativas de prefeituras.

Na outra extremidade da régua salarial, estão os cargos típicos de Estado, que estão no topo da pirâmide salarial da esfera pública, como juízes, procuradores, promotores, auditores fiscais e outros integrantes de órgãos estratégicos/fundamentais dos diversos entes federativos.

Atualmente, o teto do funcionalismo público é de R$ 39.200,00, subsídio pago a um Ministro do Supremo Tribunal Federal, salário que equivale a mais de 39 salários mínimos. Esse valor está geralmente presente nos contracheques daqueles servidores que estão no topo da pirâmide salarial do serviço público, em final de carreira. Além disso, outras parcelas indenizatórias podem compor a remuneração desses servidores, fazendo com que, na prática, esse teto seja ultrapassado.

Fugindo um pouco dos extremos, apenas para exemplificar como é atrativo ser um servidor público, podemos falar sobre o cargo de Técnico Judiciário de um Tribunal Regional Federal, cuja remuneração inicial ultrapassa os R$ 7.500,00, mesmo sendo um cargo de nível médio.

QUAIS SÃO AS PRINCIPAIS ÁREAS DE ATUAÇÃO NO SERVIÇO PÚBLICO?

A depender do seu nível de escolaridade ou da sua formação acadêmica, é interessante pensar bem antes de começar a estudar. Isso porque a escolha do cargo ou área fará muita diferença em relação às disciplinas que você irá estudar. Por exemplo, se você tem apenas o nível médio e deseja ser um servidor do Poder Judiciário, as disciplinas que você tem que estudar são muito diferentes daquelas que você precisaria para passar no cargo de Agente Administrativo de uma Universidade Federal, em quantidade e conteúdo.

Inicialmente, cabe registrar que não é minha intenção esgotar todos os requisitos exigidos para ingresso em cada um dos cargos que serão mencionados a seguir, mas apenas apresentar para vocês as diversas opções que temos dentro do serviço público, informações que considero úteis na sua escolha sobre qual área seguir.

Dessa forma, para te ajudar na escolha do cargo, apresentarei a distribuição dos cargos por poder (Executivo, Legislativo e Judiciário), explicando algumas questões que considero fundamentais.

1. Poder Executivo

O Poder Executivo é o que apresenta a maior diversidade de cargos, e isso está relacionado ao grande número de órgãos que o compõem, tanto na União quanto nos Estados e Municípios. Lembrando que estamos falando do poder que tem a missão de fazer, gerir, executar, implementar e fornecer os diversos bens e serviços públicos de interesse da sociedade. Por isso existem tantos cargos distintos.

Nesse poder, destacamos os cargos de Procuradores (advogados públicos), exclusivos para quem tem nível superior em direito, Auditores Fiscais, Auditores de

Finanças e Controle Interno, Gestores Governamentais e Analistas Administrativos. Todos cargos de nível superior, que apresentam as maiores remunerações do Poder Executivo. Com destaque para os dois primeiros, que geralmente chegam ao teto do funcionalismo público.

Para o cargo de Procurador, podemos conter até quatro etapas no concurso público de entrada na carreira: prova escrita geral; provas escritas específicas; provas orais; e prova de títulos. Geralmente são exigidos conhecimentos sobre Direito Administrativo, Direito Constitucional, Direito Tributário, Direito do Trabalho, Direito Civil, Direito Comercial, Direito Processual Civil, Direito Processual do Trabalho e Direito Previdenciário, além de outras disciplinas, a depender da esfera (União, Estado ou Município).

Em relação aos concursos para o cargo de Auditor Fiscal, são previstas até duas etapas: prova escrita, que pode conter até três etapas/turno; e provas discursivas, sobre temas específicos relacionados ao exercício do cargo. O Núcleo Duro de disciplinas da área fiscal geralmente contém as seguintes disciplinas: Português, Raciocínio Lógico, Tecnologia da Informação, Direito Constitucional, Direito Administrativo, Direito Tributário, Auditoria, Contabilidade Geral, Economia e Legislação Tributária, observada a competência tributária do respectivo fisco. Além dessas disciplinas, outras podem ser cobradas dos candidatos, a depender do concurso, como Estatística, Administração Pública, Contabilidade Pública, Administração Financeira e Orçamentária e Matemática Financeira.

Além desses cargos, temos também diversos cargos de nível médio (agentes administrativos) e fundamental (a maioria dos cargos que exigem esse nível de escolaridade está no Poder Executivo, como os cargos de serventes de pedreiro, por exemplo).

Os concursos para cargos de nível médio geralmente são realizados em turno único, contendo até dois tipos de provas: prova escrita e prova discursiva. Para esse nível de escolaridade, temos comumente as seguintes disciplinas sendo exigidas: Português, Raciocínio Lógico, Informática, Direito Constitucional, Direito Administrativo, Administração Geral e Pública, Administração Financeira e Orçamentária e Matemática. Portanto, se você ainda não é concurseiro e quer começar a estudar agora, inicie a sua jornada estudando essas disciplinas.

Registre-se que, dentro do Poder Executivo, há também as Carreiras Militares, tanto nas Forças Armadas (Marinha, Exército e Aeronáutica) quanto nas polícias militares, que, a meu ver, são uma excelente forma de entrada no serviço público, principalmente para os mais jovens. Esse foi o meu caso, passei em um concurso para a Escola de Sargento das Armas ainda aos 17 anos (falaremos sobre isso no próximo capítulo), fato que mudou completamente a minha vida, positivamente.

2. Poder Legislativo

Neste poder, destacam-se os concursos para o Senado e a Câmara Federal, em Brasília, órgãos que chamam bastante atenção em função das altas remunerações pagas aos seus servidores, cujos salários finais chegam facilmente ao teto do funcionalismo público, mesmo os de nível médio.

Contudo, nem só de Câmara Federal e Senado vive a área legislativa, que conta com 26 Assembleias Legislativas, a Câmara Distrital, no Distrito Federal, as 26 Câmaras de Vereadores das capitais estaduais e as diversas Câmaras de Vereadores dos mais de 5.000 municípios espalhados pelo Brasil.

Alguns cargos são comuns nesses órgãos, como os de Consultores Legislativos (servidores que apoiam os parlamentares em sua missão institucional: produzir leis), Procuradores das Casas Legislativas (advogados que representam os interesses do Poder Legislativo em ações judiciais), Analistas Administrativos (nível superior) e Agentes Administrativos (nível médio), os quais executam as tarefas administrativas da entidade, como gestão de pessoas, orçamento, contabilidade, compras, pagamentos etc.

Alguns benefícios chamam atenção dos concurseiros em relação ao Poder Legislativo, como os recessos parlamentares, muitas vezes extensivos aos servidores da casa.

Como se vê, diante da quantidade de órgãos integrantes desse poder, o que consequentemente representa mais cargos a serem ocupados, a escolha por essa área é uma excelente opção para quem quer entrar no serviço público, já que é possível se especializar nas disciplinas comuns que são cobradas das diversas casas legislativas, o que aumenta as chances de aprovação.

3. Poder Judiciário

O Poder Judiciário é composto por Magistrados e Servidores, distribuídos em seus diversos ramos.

O cargo de entrada na magistratura é o de Juiz Substituto, que exige formação específica em Direito, comprovação de três anos de prática jurídica e, a depender do tribunal, pode ser organizado nas seguintes etapas:

- Primeira etapa – uma prova objetiva seletiva;
- Segunda etapa – provas escritas, compostas de prova discursiva e prática de sentença;
- Terceira etapa – inscrição definitiva, com as seguintes fases:
  a) sindicância da vida pregressa e investigação social;
  b) exame de sanidade física e mental;
  c) exame psicotécnico.
- Quarta etapa – uma prova oral; e
- Quinta etapa – avaliação de títulos.

As etapas acima foram baseadas em um concurso para Juiz Federal Substituto, órgão integrante de um Tribunal Regional Federal. No entanto, há ainda concursos para Juiz Substituto em Tribunais Regionais do Trabalho (esfera estadual) e Tribunais de Justiça (esfera estadual).

Os juízes são remunerados por subsídio, cujo valor está atrelado à remuneração dos Ministros do Supremo Tribunal Federal – STF. A título de exemplo, a remuneração do cargo de Juiz Federal Substituto do TRF da 2ª Região, concurso realizado no ano de 2018, foi de R$ 27.500,17 (vinte e sete mil, quinhentos reais e dezessete centavos).

Quando o assunto é "servidores do Judiciário", o leque de cargos de entrada aumenta significativamente, se compararmos à carreira da magistratura. Isso porque todos os tribunais, inclusive o STF e tribunais superiores (Superior Tribunal de Justiça – STJ, Tribunal Superior do Trabalho – TST, Tribunal Superior Eleitoral – TSE e Superior Tribunal Militar – STM) têm competência para organizar os seus respectivos concursos, com cargos de técnico judiciário, analista judiciário (diversas áreas) e oficial de justiça, já que todos têm autonomia administrativa e contam com quadros próprios de servidores. Além disso, contamos ainda com vagas no Conselho Nacional de Justiça – CNJ, que é um órgão de natureza administrativa, integrante do Poder Judiciário, cujas remunerações se equiparam às dos servidores dos tribunais federais.

Falando nisso, um dos cargos de destaque é o de Técnico Judiciário, cargo de nível médio, que tem vencimento básico inicial na casa dos R$ 7.500,00. Isso para os cargos de técnico do Judiciário Federal (STF, Tribunais Superiores, TRT, TRF e TRE). Mas os salários do Judiciário Estadual (que varia de Estado para Estado), apesar de geralmente serem inferiores aos do Judiciário Federal, ainda são excelentes.

Para o cargo de Técnico Judiciário, área administrativa, temos as disciplinas de Português, Informática, Raciocínio Lógico, Direito das Pessoas com Deficiência, Direito Constitucional, Direito Administrativo, Administração Geral e Pública e Administração Financeira Orçamentária como as mais cobradas nos diversos ramos e esferas.

Além dos cargos de Técnico Judiciário, cabe destacar os cargos de Analista Judiciário da Área Judiciária e Oficial de Justiça, que são exclusivos para os candidatos formados em Direito e que atuam na "área fim" dos tribunais, auxiliando os magistrados na prestação jurisdicional.

Para ambos os cargos, levando em conta o que mais é exigido nos diferentes tribunais do país, o Núcleo Duro de disciplinas é representado por Português, Informática, Raciocínio Lógico, Direito das Pessoas com Deficiência, Direito Constitucional, Direito Administrativo, Direito Civil, Direito Processual Civil e Direito Previdenciário.

4. Ministério Público da União e Defensoria Pública da União

Considerado o sonho de muita gente no mundo dos concursos, o Ministério Público da União – MPU é composto pelo Ministério Público Federal – MPF, Ministério Público do Trabalho – MPT, Ministério Público Militar – MPM, Ministério Público do Distrito Federal e Territórios – MPDFT e pelo Conselho Nacional do Ministério Público.

Há duas formas de pertencer ao MPU, sendo membro, ingressando na carreira de Procurador da República, cargo que exige formação em Direito e três anos de atividade jurídica, com remuneração inicial superior a R$ 27.000,00, paga via subsídio, ou sendo servidor, de nível médio ou superior, exercendo atividades administrativas ou de apoio à missão institucional do Ministério Público.

O MPU é famoso por realizar grandes concursos, arrastando milhares de inscritos. Para se ter uma ideia, em 2010, o concurso do MPU teve mais de 750 mil inscritos. É muita gente!

As remunerações dos servidores do MPU são equiparadas às do Poder Judiciário, com vencimentos básicos iniciais na casa dos R$ 7.500,00 para os cargos de nível médio e R$ 11.200,00 para os cargos de nível superior, o que justifica em parte a procura que esse órgão tem quando da realização dos seus certames.

Temos, ainda, os Ministérios Públicos dos Estados, que guardam suas peculiaridades tanto em termos de atribuições como em termos de organização administrativa e padrão remuneratório dos seus diversos cargos, tanto para membros quanto para servidores.

Por fim, mas não menos importante, apresentamos a Defensoria Pública da União – DPU, que, assim como o MPU, é descrita pela Constituição Federal, em seu art. 134, como instituição essencial à função jurisdicional do Estado.

Os Estados também têm as suas defensorias, cuja missão é a mesma da DPU, "a promoção dos direitos humanos e a defesa, em todos os graus, judicial e extrajudicial, dos direitos individuais e coletivos, de forma integral e gratuita, aos necessitados" (art. 134, *caput*).

O cargo de Defensor Público, exclusivo para bacharéis em Direito com, pelo menos, três anos de atividade jurídica, é a porta de entrada para aqueles que desejam ser membros das defensorias, cuja remuneração inicial, na União, é de mais de R$ 24.000,00. No Estados, as remunerações são um pouco mais baixas que esta, variando de R$ 10.000,00 a R$ 19.000,00.

O concurso para o ingresso como Defensor Público da DPU conta com as seguintes etapas: Prova objetiva; Provas escritas discursivas; Provas orais; Avaliação de títulos; Sindicância de vida pregressa e apuração dos demais requisitos pessoais.

Assim como o MPU, a DPU também conta com a sua carreira de apoio, com servidores de níveis médio e superior. No entanto, as remunerações dos servidores das defensorias, em regra, não são tão atrativas quanto as do Poder Judiciário ou do Ministério Público.

Bancas Organizadoras

Sempre digo que todo candidato deve conhecer profundamente a banca que irá organizar o concurso para o qual ele está se preparando. Não apenas pela forma de abordagem, pois sabemos que cada banca tem a sua maneira peculiar de trazer algumas questões para a prova, mas também pelo conteúdo em si, que pode mudar drasticamente de uma banca para a outra.

É muito importante saber como as bancas cobram determinados assuntos, mas também devemos levar em consideração que alguns deles, por vezes, não estão na lista de prioridades da banca. Então, levando em conta o custo-benefício de cada assunto, tema do qual trataremos mais à frente, você pode chegar à conclusão de que, para determinada banca, alguns assuntos podem ser deixados de lado.

Por esse motivo, já adianto uma coisa: se você está se preparando para um concurso específico, que já possui banca definida ou que tem expectativa em relação a alguma, passe a utilizar somente ela como base em seus estudos. Seja íntimo da banca. Conheça os seus caprichos, as suas manias. Assim você ganhará, além da bagagem de conteúdo, tempo de resolução de questões, o que é muito importante. A má gestão do tempo pode derrubar o concurseiro mais bem preparado do certame.

Mas vamos lá, deixa eu te passar algumas informações importantes sobre as principais bancas organizadoras:

1. Fundação Carlos Chagas – FCC

Esta é uma das bancas mais tradicionais que temos em atividade, principalmente quando o assunto é área fiscal e tribunais do poder judiciário federal.

Até por volta do ano de 2009, ela era carinhosamente apelidada de Fundação Copia e Cola, uma piada feita em virtude de a banca apresentar muitas questões que eram praticamente cópia das leis, com alterações sutis, como a troca de "sim" por "não". No entanto, essa alcunha não cabe mais à FCC, que passou a elaborar questões complexas, densas em seu texto e inteligentes na construção dos argumentos.

Atualmente, a FCC apresenta questões pesadas, com textos grandes, principalmente as de nível superior, o que pode levar o candidato à fadiga, mas que, algumas vezes, a resposta é mais simples do que parece. Por isso, muita atenção com essa banca.

Não se deixe levar pelos seus longos textos, você pode ser pego pelo cansaço. Prepare-se para questões bem elaboradas, mas seja esperto a ponto de conferir as alternativas antes de se debruçar sobre seus longos textos. Você pode ganhar alguns minutos seguindo essa dica.

Essa foi a banca que organizou o concurso da Secretaria de Fazenda de Pernambuco – Sefaz-PE, órgão do qual faço parte atualmente como Auditor Fiscal.

2. Centro Brasileiro de Pesquisa em Avaliação e Seleção e de Promoção de Eventos – Cebraspe (Cespe)

Uma das marcas dessa banca é a existência da "jurisprudência Cespeana", que reproduz em prova o jeito Cespe de pensar sobre alguns assuntos, fugindo um pouco do conhecimento geral. É esquisito ter que falar isso para você, mas às vezes é preciso saber que o errado pode ser certo para essa banca. E se isso já tiver sido objeto de recurso, tendo a banca se comportado no sentido de manter o gabarito, é melhor não teimar com ela. Marque o que ela quer, mesmo sabendo que está errado, e seja feliz. O que importa mesmo é acertar a resposta da questão, sem entrar no mérito.

Outra característica dessa banca, que apresenta muitas tentativas de pegar o aluno desatento, justamente por causa da penalização (em algumas provas, que usam o Método Cespe, uma questão errada anula uma questão correta), é a de omitir algumas informações ou correlacionar conceitos distintos em uma mesma questão, que, mesmo estando corretas individualmente, não apresentam a relação de causa e efeito que levaria a questão a estar correta.

Outra característica marcante nessa banca é o uso de palavras restritivas ou que dão a ideia de "verdade absoluta" em questões que estão, geralmente, incorretas. Palavras como sempre, apenas, somente e nunca geralmente são suficientes para tornar uma assertiva incorreta.

A dica que eu dou a você que está se preparando com base na resolução de questões do Cespe é que evite chutar questões quando houver penalização a cada questão errada. Durante a preparação para essa banca, é muito importante treinar a sua acurácia (falaremos sobre isso em capítulo próprio deste livro), medindo sempre a sua taxa de erro. Mais importante que a relação entre a quantidade de acertos e a quantidade total de questões é a relação entre a quantidade respondida e a quantidade de erros. Procure minimizar o seu erro.

Para você ter ideia de como é importante treinar a acurácia, eu consegui passar em 3º lugar no Tribunal Regional do Trabalho da 21ª Região, no qual exerci o cargo de Analista Judiciário por cinco anos, deixando mais de 15% das questões em branco. Isso tudo porque a minha taxa de acerto era muito alta.

Portanto, evite chutar no Cespe, treine a sua acurácia e cuidado com as pegadinhas que a banca gosta de trazer para a prova.

3. Fundação Getulio Vargas – FGV

Esta banca é o terror daqueles que não gostam de estudar a língua portuguesa. Quem tem problema de base em português geralmente corre da FGV. São provas complexas, com textos longos e que às vezes trazem conceitos abstratos. Além disso, em algumas provas, geralmente para Poder Legislativo e Tribunais de Contas, apresenta uma grande quantidade de questões de português.

Estou destacando a prova de português porque essa, sem dúvida, é a matéria que mais derruba candidatos, mas as demais disciplinas também apresentam certo nível de dificuldade. No geral, são questões bem elaboradas, inteligentes e com pouca margem para recursos.

Lembro que os primeiros colocados nos concursos para o Tribunal de Contas da Bahia e para a Controladoria-Geral do Maranhão, concursos nos quais fiquei dentro da quantidade de vagas e que foram organizados pela FGV, os primeiros colocados não foram muito além dos 70% em português, o que mostra como essa matéria é complexa nessa banca.

4. Demais Bancas (Vunesp, AOCP, IBFC etc.)

Estamos falando aqui de um grupo de bancas que tem em comum a literalidade em suas questões. São bancas que não se aprofundam muito nos assuntos, trazendo muitas vezes o óbvio. Não digo que isso seja algo que possa desqualificar essas bancas, como Vunesp, AOCP, IBFC, Idecan etc., mas, sem dúvida, a facilidade ou excesso de clareza das questões acaba fazendo com que as notas de corte sejam altas, na casa dos 90%. Isso mesmo, é necessário acertar 90% ou mais para ficar dentro das vagas.

Eu digo sempre que isso acaba nivelando os candidatos por baixo, já que alguns alunos, se forem bons de memória, para não dizer "decoreba", acabam se tornando competitivos em poucos meses. Isso pode prejudicar quem faz uma preparação de longo prazo.

Mas você não deve se preparar pensando muito em bancas. Tenha uma boa base, sem pressa de bater o edital, e treine com questões de diferentes bancas. Assim você já pode ir se acostumando com a linguagem de cada uma, percebendo também as diferenças existentes. Ressalte-se apenas a importância de focar na banca escolhida como a organizadora do concurso que você for fazer. Assim fica mais fácil de identificar de que forma ela aborda os diferentes temas que serão cobrados de você em prova. Faça uma verdadeira imersão na banca escolhida.

Vida (real) do concurseiro – Tapa na cara

Você perceberá, ao longo da leitura deste livro, que a vida de concurseiro não é nada fácil. São muitas renúncias e sacrifícios em prol da dedicação aos estudos. Afinal, são milhares de pessoas querendo estabilidade, bons salários, qualidade de vida e realização profissional. Se o que você almeja é um cargo público, você precisa estudar e muito.

Contrariando a ideia de algumas pessoas (principalmente aquelas que nunca fizeram um concurso sequer), estudar dá muito trabalho. Portanto, precisamos organizar o tempo, as emoções e o cérebro. E, falando sério, nada disso parece muito fácil de fazer. Por isso, o concurseiro precisa de muita resistência nessa jornada.

A preparação para concurso público exige mais do que intensidade nos estudos, exige constância. Como o processo é demorado, o estudante precisa criar o hábito de estudar. É necessário pegar nos livros constantemente. Todos os dias. Nem que sejam apenas duas horas por dia. Até desenvolver o hábito, pode-se estudar de domingo a domingo, sem pausa. Para "engrenar" de verdade, você precisa criar essa rotina.

Sabendo disso, é preciso buscar ferramentas que garantam a máxima eficiência, fator fundamental para se conseguir acelerar o processo de aprovação (considerando que você deseja passar em um concurso o quanto antes, né?). Neste livro, você verá como é possível passar por esse período de luta com mais leveza, por incrível que pareça. Adianto que não há nenhuma fórmula mágica aqui, apenas o relato de uma pessoa que passou por "poucas e boas" até conseguir chegar aonde queria.

Como a vida de concurseiro é longa (e ingrata), considerando, em média, dois anos de estudo para conseguir a aprovação ou classificação em um certame, é preciso saber o que será levado na mochila. Mas não se desespere com esse prazo que eu falei, algumas pessoas conseguem ser aprovadas antes disso, com uns dez meses de preparação, mas isso não é a regra, é a exceção.

Já vi alguns vídeos por aí de uma turma que disse que passou "do zero" em apenas três meses. Isso pode ser até possível, mas não acho legal esse tipo de preparação. Isso porque esse tempo é muito relativo, depende da pessoa, do seu histórico acadêmico/escolar, do concurso, do grupo de pessoas que também fizeram a prova, do sol, da lua, enfim. Não é algo exato. No mundo dos concursos, um mais um não é dois. Aprenda isso!

Por esse motivo, muito cuidado com as comparações (muitas vezes inevitáveis), pois você pode estar se comparando a alguém que está acima da média, "fora da curva", o que pode não ser o seu caso. Você não deve se considerar a última bolacha do pacote, a não ser que haja motivos claros para você acreditar nisso. Passar em um concurso, qualquer que seja, do zero, em apenas três meses, o tornaria essa última bolacha.

Voltando ao mundo real, considerando que você, assim como eu, não é uma pessoa "acima da média" e que está numa corrida de longa distância, respire! Você precisará de muita resistência para aguentar o estresse pelo tempo que for necessário (eu aguentei uns dois anos, ininterruptamente). Esse é o preço que as pessoas comuns devem pagar se quiserem ter um cargo público. É preciso ter resistência. Como costumo dizer, "nessa vida de concurseiro, consegue se dar bem aquele que aguenta se f@d&r por mais tempo", e é verdade.

Quando a pessoa não entende como funciona o mundo dos concursos, ela acha que vai sentar a bunda na cadeira, rodeada de livros e canetas coloridas, e, dentro de apenas três meses, já será chamada para o dia da posse. É o concurseiro alienado. Quando ele percebe que não é bem assim, que esses três meses vão passar, depois se passam mais seis meses e "nada" acontece, ele se frustra. E essa frustração vem potencializada pelo estresse acumulado de tanto estudar e renunciar ao lazer e outros compromissos sociais (outro erro. Veremos aqui que é crucial conciliar os estudos com um pouco de lazer).

Essa ruptura da confiança no projeto faz com que o estudante desista de realizar concursos, renuncie à vida de concurseiro, tornando-se muitas vezes um sujeito "reclamão", que fica berrando aos quatro cantos que "concurso é marmelada", que "não é para todo mundo", que "só rico tem condições de se preparar", e por aí vai, quando, na verdade, ele não obteve sucesso apenas porque não entendeu como funciona uma preparação para concurso. Não soube esperar o tempo das coisas. Uma planta tem seu tempo para germinar e crescer. Por mais que utilizemos aditivos, ela ainda precisa de um tempo mínimo para se desenvolver.

Nós (que já passamos por tudo isso) sabemos que estamos em uma maratona e temos que ajudar essas pessoas a entender esse processo. Então, caro leitor, se você notar que alguém próximo a você quer desistir dessa jornada, faça um gesto altruísta e explique a essa pessoa como esse mundo funciona. Dê um "tapa na cara" salvador. Faça melhor, compre meu livro e dê de presente para aquele ser necessitado.

O fator família – entenda

Todo concurseiro precisa ter paciência e estrutura emocional para aguentar os golpes que levará das bancas, dos materiais, das questões, dos parentes, da vida. Você deve estar se perguntando: mas que "porradas" são essas? Vou explicar! Sabe aquele tio chato e frustrado que desconta toda a decepção dele em outras pessoas? Pois é, ele será o primeiro a te desestimular. Aconteceu comigo. Geralmente, as pessoas mais próximas são as primeiras a criticar. Elas não entendem (ou não querem entender) as nossas escolhas e as nossas renúncias. Não respeitam o nosso foco, que se manifesta no isolamento. Os amigos (que se enquadram no meu conceito de família), no lugar de nos incentivar, nos cobram atenção. Estou errado?

Em vez de apoiar, os familiares e amigos mais próximos começam a cobrar presença em festinhas e encontros familiares, mas nem sempre será possível ir. Não os julgue sempre como vilões. Afinal, eles gostam de você. Por isso sentirão a sua falta, muitas vezes.

Dessa forma, tente conciliar, na medida do possível, a vida de estudos com a vida social, mas é claro que a intensidade das "baladas" e eventos de família deve diminuir. Com tanta coisa para estudar, você logo se sentirá deslocado em alguns eventos. Faça o mínimo para não ser expulso do grupo (risos), mas tenha cuidado para não perder o foco. Ou você passa no concurso ou agrada a parentada. Não se pode fazer as duas coisas com qualidade, infelizmente.

É importante (e triste) saber que essa cobrança vai criando uma atmosfera psicológica que pode afetar o estudante de maneira negativa, a qual pode desestruturar completamente o concurseiro, deixando-o amargurado, deprimido e frustrado. A sensação de que o concurseiro está "abandonando" todo mundo à sua volta é o sentimento mais comum, que deve ser evitado.

Então, meu amigo, saiba logo que você vai levar muita "porrada" até passar em um concurso, mas não desista. Tente usar todas essas coisas "ruins" como elementos motivadores. A dor também pode te empurrar para o sucesso. Daqui a pouco, com o termo de posse assinado, você terá tempo e grana suficiente para dar toda atenção e carinho que as pessoas que gostam de você merecem.